KB010376

독서논술
디베이트

| 일러두기 |

1 이 책에 실린 모든 정보는 개정 2판 발행일인 2024년 8월 기준 최신 정보로 업데이트하였다.

2 이 책에서 다루는 내용은 엄밀히 말하자면 '형식이 있는 토론'인 '디베이트'이다. 다만 '토론'의 뜻이 '디베이트'를 포함하고 있으므로, 두 단어를 적절히 함께 사용하였다.

3 일반적인 토론에서는 주로 '입론'이란 표현을 쓰지만 '퍼블릭 포럼 디베이트'에서는 '입안'이란 표현을 사용하므로, 두 단어 역시 적절히 함께 사용하였다.

생각하는 힘, 소통의 힘을 기르는

독서논술 디베이트

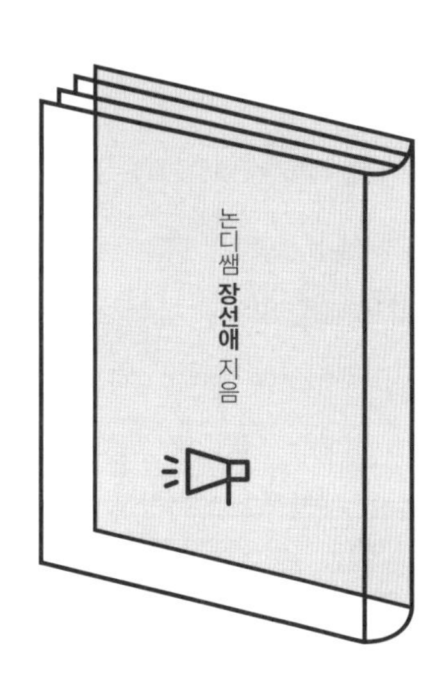

| 추천사

한국에서 들었던 이야기 중에서 제일 황당했던 것은 "공부하느라 바빠서 책 읽을 시간이 없어요."였다. '책 읽는 것은 공부의 시작과 끝 아닌가?', '그럼, 책을 읽지 않고 무슨 공부를 한다는 거지?' 이런 생각들이 꼬리를 물었다.

나만 이런 생각을 하는 것이 아니었나 보다. 장대익 서울대 자유전공학부 교수님은 2014년 '머니투데이'에 실린 기사에서 이렇게 탄식한다.

"중학교 올라가는 순간 더는 입시와 무관한 책은 읽을 수 없습니다. 심지어 책 읽으면 손해라고 생각하죠. 그러니 대학 들어가서는 좀 어려운 책은 읽지를 못합니다. 읽어도 취업서입니다. 뭐, 한마디로 대한민국이 무식해진 거죠."

한 가지 다행인 것은, 이런 말도 안 되는 상황을 타개하려는 노력이 여기저기서 나타나고 있다는 점이다. 뜻있는 학부모, 뜻있는 선생님, 뜻있는 사회인 중에 독서 모임이 확산하고 있다. 당연히 그분들은 자녀에게 독서에 강조점을 둔 교육을 할 것이다. 게다가 한국 입시도 "학창 시절 읽었던 책 중에서 기억에 남는 것은?"이란 질문을 던지기 시작했다. 독서가 입시의 한 부분이 된 것이다. 나는 개인적으로 이러한 흐름이 더욱 거세지기를 바란다.

이쯤 해서 잠깐 외부의 조언을 들어보자. 미국 행동과학연구소가 발표한 'The Learning Pyramid(학습 피라미드)'에 따르면, 여러 가지 방법으로 공부한 후 24시간 뒤 남아 있는 학습 효과 비율은 다음과 같다. 일방적 강의 5%, 읽기

10%, 시청각 교육 20%, 시범·현장 견학 30%, 토론 50%, 체험 및 실습 75%, 다른 사람을 가르치기 90%. 여기서 특히 읽기 10%와 토론 50%를 비교해보자. 무려 5배의 효과다. 즉, 단순히 읽는 것보다는 토론하는 방법이 훨씬 효과적이라는 것이다. 그렇다면 공부의 정답은 '책을 읽고, 토론하는 것'이다.

장선애 선생님의 책 "독서 논술 디베이트"는 이래서 반갑다. 사실 독서 교육이라는 것이 어느 사람에게는 모호할 수 있다. '책을 읽히고…, 그다음에 어떻게 하라는 거지?'

장선애 선생님은 그 대안으로 독서 논술 디베이트를 제시하고, 그 구체적인 진행 방법을 소개하고 있다. 학자의 책상에서 고안된 이론이 아니라, 이미 몇 년 전부터 현장에서 체험하고, 적용하고, 확인한 방법들이다. 전직 방송작가였던 저자는, 이를 마치 차 한 잔을 사이에 두고 도란도란 이야기하듯 친절하고 자상하게 전달한다. 그래서 이 책을 읽으면, '아, 독서와 글쓰기, 토론은 이렇게 교육하면 되겠구나!'라는 생각이 든다.

한국의 학부모님들을 보면 크게 두 가지 부류가 있는 듯하다. 하나는 '투항파'다. 기존의 한국 교육 흐름에 자녀들을 끼워 맞춘다. 다른 하나는 '모색파'다. 기존의 교육 논리를 무조건 쫓아가기보다는 교육적 가치를 먼저 생각하고, 거기에 걸맞은 교육 방법을 찾는다. 나는 당연히 미래는 모색파에 있다고 생각한다.

그렇게 말이 많은 한국의 교육도 서서히 방향을 틀기 시작했다. 책에서 드러난 장선애 선생님의 조언이 훨씬 진지하게 다가오는 이유다.

한국디베이트코치협회 회장 케빈 리

| 여는 글

세상이 하루가 다르게 변하고 있습니다. 굳이 4차 산업 혁명을 언급하지 않아도 햄버거 하나 주문할 때도 키오스크 사용법을 모르면 헤맬 수밖에 없으니 일상에서 변화를 체감하게 됩니다. 지상파 방송보다 쇼츠, 릴스, 틱톡 같은 숏폼이 대세이고, 자료 조사는 유튜브나 챗GPT로 하는 시대, 뭐 하나 겨우 따라잡았다 싶으면 몇 발자국 더 뒤처지는 느낌이 들지요.

익숙해질 틈도 없이 계속해서 바뀌는 또 한 가지는 우리나라 입시입니다. 대학에 들어간 큰아이와 삼 년 터울인 둘째가 고등학생인데, 불과 3년 만에 새로운 입시를 치르는 기분입니다. 의대 정원이 폭발적으로 늘고 자유전공학부가 늘었다는 정도가 아닙니다. 2022 개정교육과정에 따르면 2025년에 고등학생이 되는 아이들부터 고교학점제가 시행되고, 내신도 9등급이 아니라 5등급제로 운영되며, 이과, 문과 상관없이 과학이나 사회 과목을 모두 공부해야 하는 통합 수능을 치러야 합니다. 그 어느 나라에서도 경험할 수 없는 변화무쌍한 입시 제도를 겪고 있는 게 우리나라 아이들입니다.

그렇다면 우리 아이들을 어떻게 가르쳐야 할까요? 매해 변하는 입시에서도 성공하면서 4차 산업 혁명 시대의 창의적인 인재로 키우는 방법은 무엇일까요? 결론부터 말씀드리면 '기초 실력부터 단단히 세우자!'입니다. 제도가 어떻게 바뀌든 모든 공부의 기초는 '잘 읽고 잘 말하고 잘 쓰는 능력'입니다. 글쓴이의 의도를 파악해 문맥 속에서 정확히 이해하고 그에 대해 비판적으로 사고

할 수 있는 교육, 다른 사람의 의견을 경청하고 내 생각을 논리적으로 전달하면서 원활한 소통을 통해 더 발전된 길을 모색해나가는 교육. 이런 교육의 해법은 바로 독서와 디베이트입니다.

제 수업의 이름은 '리더로 자라는 논·디'입니다. 제게 논술과 디베이트를 배우는 아이들이 우리 사회를 지금보다 더 살기 좋게 만드는 리더가 될 것이라는 믿음에 바탕을 둔 이름입니다. 그래서 제자들은 저를 '논디쌤'이라고 부릅니다. "논디쌤, 저 왔어요!" 하며 헐레벌떡 뛰어 들어오는 아이들의 목소리에 저는 오늘도 설레는 마음으로 책을 펴고 수업을 시작합니다. 대나무는 처음 순이 나오기까지 4~5년이 걸린다고 합니다. 그동안에는 아무리 물과 거름을 줘도 싹이 나지 않고요. 하지만 한번 순이 나와서 자라기 시작하면 하루에 1m도 넘게 자랍니다. 아이들의 생각도 마찬가지입니다. 책을 읽고 디베이트를 할수록 아이들의 머릿속에서는 생각의 뿌리가 단단하고 깊숙하게 뻗어 나갑니다. 그리고 짠! 하고 새싹이 돋으면 그때부터는 대나무처럼 무섭게 성장합니다.

두 아이를 키우는 평범한 엄마, 방송작가와 공무원, 동네의 독서 디베이트 선생님으로서 그동안 쌓아온 방법을 책에 담으려고 했습니다. 특히 독서와 디베이트로 아이들을 훌륭하게 키우고 싶은데 어떻게 시작해야 할지 몰라 막막해하는 학부모님과 선생님들이 길잡이로 활용할 수 있게 최대한 구체적으로 쓰려고 했습니다. 맛집의 비법 소스는 며느리도 가르쳐주지 않는다고 하지만 저는 그 비법 소스의 내용과 만들 때 겪은 시행착오까지 다 나누려 했습니다. 아무쪼록 이 책이 세상에서 가장 귀한 우리 아이들을 독서와 디베이트로 잘 키워보려는 분들에게 작으나마 도움이 된다면 정말 기쁘겠습니다.

2024년 8월, 논디쌤 장선애

contents

Part 1

변화하는 시대, 인간력(力)을 길러야 한다

“

30년도 더 된 초등학교 6학년 때, 학교 대표로 글짓기 대회에 나간 적이 있다. 주제는 “미래 사회는 어떤 모습일까?”였는데 정확하게 기억나진 않지만 로봇이 인간과 공존하는 세상을 묘사했던 것 같다. 그 상상 속의 세계가 현실이 되고 있다. 집 안을 돌아다니는 로봇 청소기, 주인의 기분을 위로해주는 애견 로봇, 암 치료에 활용하고 있는 IBM의 AI 암 진단 컴퓨터 왓슨 포 온콜로지…. 게다가 얼마 전 미국의 핸슨 로보틱스에서 개발한 인공지능 로봇 소피아는 사우디아라비아의 시민권을 얻은 것으로도 모자라 UN 회의에서 인류의 미래에 관한 연설을 하기도 했다.

현재 우리는 4차 산업혁명으로 빠르게 변화하는 세상에 살고 있다. 인공지능(AI), 사물 인터넷(IoT), 빅데이터 등 최첨단 정보통신 기술이 이미 일상생활의 일부가 되었다. 특히 인공지능은 인간의 학습 능력과 추론 능력까지 갖추고 스스로 진화하고 있다. 이대로 가다간 ‘인간이 인공지능 로봇에게 일자리를 뺏기고 지배당하는 세상이 오는 게 아닌가’ 하는 우려의 목소리도 있다.

전문가들은 앞으로 20년 이내에 우리가 알고 있는 직업의 50%가 사라질 것이라고 말한다. 그렇기에 미래에는 한 번도 경험해보지 못한 새로운 영역을 창조해내고, 언간의 삶을 편리하고 행복하게 만드는 아이디어가 있어야 한다. 좋은 성능과 디자인, 좋은 기업 이미지만으로 성공할 수 있는 시대는 지났기 때문이다.

그렇다면 이러한 변화의 시대에 우리 아이들은 어떤 힘을 지녀야 할까? 또 교육은 어떻게 변화되어야 할까?

”

01
인간력을 기르는 '토론'의 힘

하루가 다르게 변화하는 시대에 살아갈 아이들에게 필요한 것은 인공지능이 대체할 수 없는 인간 고유의 능력이다. 여기서 인간 고유의 능력은 상상력과 창의력, 비판적 사고력, 논리력과 같은 '생각하는 힘'을 말한다.

남들이 상상하지 못한 것을 떠올리고, 그것을 기술과 연결해 창조해내는 능력이 있어야 4차 산업혁명 시대에 살아남을 수 있다. 최근 우리나라에서 '토론(디베이트)'이 트렌드처럼 퍼져 나가는 이유도 토론이 아이들에게 생각하는 힘을 키우는 데 가장 효과적이기 때문이다.

'국제 바칼로레아'가 주목받는 이유

최근 우리나라에서 '국제 바칼로레아(International Baccalaureate, IB)'에 대한 관심이 뜨겁다. 국제 바칼로레아는 스위스에 본부를 둔 비영리 교육재단 IBO가 설립, 운영하는 교육 프로그램으로, 1968년에 시작돼 2019년 3월 기준, 전 세계 153개국 5,288곳의 학교에서 운영 중이다. 3세에서 19세 학생을 대상으로 초등, 중등, 고등, 직업 연계 교육 과정이 있으며, 주입식, 암기식 교육이 아닌 토론과 논술을 중심으로 한 교육 과정이라는 게 특징이다. 고등 과정을 이수하고 취득한 'IB 디플로마'는 옥스퍼드, 케임브릿지, 하버드대학교에서도 신뢰하는 입학 자료다.

IBO가 시험 문항의 예시로 공개한 문제들을 살펴보면 국제 바칼로레아가 추구하는 교육 철학이 확연히 드러난다. "시간은 문학 작품의 중요한 주제이다. 공부했던 작품 중에서 시간의 중요성에 대해서 논하시오.", "한 국가를 예로 들어 산업화가 삶의 수준과 근로 조건에 미친 영향을 분석하시오.", "서로 다른 전통들을 되새기기 위해 시청에서 전통복장을 입고 참여하는 파티를 개최합니다. 당신의 친구에게 당신이 어떤 의상을 택했고, 왜 그것을 택했는지 알려주는 이메일을 쓰십시오." 등이다. 교육 전문가들은 이를 '답이 정해지지 않은, 학생들의 힘을 길러주는 시험'이라고 평가한다. (2017.9.24. 경향신문)

국제 바칼로레아는 학생들로 하여금 새로운 아이디어를 떠올리고 스스로 탐구하며 소통과 협업을 통해 더 나은 결과를 만들어내는 것을 목표로 한다. 그것이 4차 산업혁명 시대의 인재상이기에 우리나라에서도 국제 바칼로레아를 새로운 교육의 대안으로 고민하고 있는 것이다.

일본은 발 빠르게 2013년, 아시아 최초로 IBO와 협정을 체결했다. 일본 문부과학성이 2015년 1월 교육개혁안에서 국제 바칼로레아를 공교육에 도입하겠다고 밝힌 이래 꾸준한 개혁 방안을 설립하여 추진한 결과 2023년 3월 기준, 총 207교에서 국제 바칼로레아 교육 과정이 운영되고 있다.

우리나라에서는 2019년, 대구와 제주도교육청이 국제 바칼로레아를 공교육에 도입하기 위해 IBO와 협력각서를 체결한 뒤 여러 학교에서 시범 운영을 시작했다. 2024년 현재 서울과 부산, 충북 등 11개 시도에서 300여 개 가까운 학교가 프로그램을 운영 중이며, 수능 최저 등급이 없는 수시나 논술전형을 통해 대학 입학 지원이 가능하다. 2024학년도 대입에서 대구와 제주의 일반고 졸업생들이 해외 유수의 대학과 국내 대학에 우수한 성적으로 진학함으로써 국제 바칼로레아의 가능성을 확인하였다.

이러한 변화의 흐름에서 눈여겨볼 것은 '생각하는 힘'이 점차 강조되고 있다는 점이다. 답이 정해져 있는 지식을 습득하는 주입식 교육으로는 변화하는 시대에 대처할 수 있는 인재를 양성할 수 없다. 아이들의 창의력과 상상력을 자극하는 교육, 선생님이 아닌 학생이 주체가 되는 교육이 돼야 한다. 그리고 그 과정에서 빠질 수 없는 교육 방식이 바로 '토론'이다.

IQ보다 EQ가 중요하다

최근 기업에서는 "IQ로 입사해서 EQ로 승진한다."는 말이 정설이 되었다. 입사할 때는 학점이나 어학 실력, 봉사 활동 등 스펙이 중요하지만, 막상 입사한 후에는 대인 관계, 갈등 조절 능력, 위기 대처 능력 등이 좋아야 인정받는다는 뜻이다.

'EQ(Emotional Quotient, 감성지수)'는 'IQ(Intelligence Quotient, 지능지수)'와 상반되는 개념으로, '자신의 감정을 이해하고, 절제·통제하며, 나아가 타인의 감정에 공감하고 배려하는 능력'을 말한다. 미국 예일대학교 심리학 교수 피터 새러베이(Peter Salovey)와 뉴햄프셔대학교 심리학 교수 존 메이어(John D. Mayer)가 이론화하고, 다니엘 골먼(D. Goleman)이 "EQ 감성지능"(웅진출판사)이란 책을 써서 전 세계에 알려졌다. 이들은 나 자신뿐 아니라 타인에 대한 이해를 바탕으로 관계 형성을 잘해나가는 EQ가 높은 사람이 조직에서 인정받는 리더가 될 수 있다고 강조한다.

EQ가 높은 사람들의 특징 중 하나가 '소통'에 능하다는 점이다. 2018년 별세한 LG 구본무 회장이 근무했던 사무실에는 선대 회장이 강조한

'경청'이란 글을 담은 액자가 걸려 있었다고 한다. 평소 그는 대기업 회장이 아닌, 소탈한 이웃집 아저씨의 모습으로 주변 사람들의 이야기에 귀 기울이고 직접 소통한 것으로 유명하다. 소비자들의 감성과 필요를 읽고 그것을 LG의 경영철학과 연결한 소통의 결과, 구본무 회장은 LG를 지금의 글로벌 기업으로 키울 수 있었다.

그렇다면 EQ는 타고나는 것일까? 결론부터 말하자면 그렇지 않다. EQ의 대표적인 능력인 공감 능력은 다양한 경험을 통해 길러질 수 있다. 많은 사람들을 만나거나, 여행, 봉사 활동과 같은 경험뿐만 아니라 '독서'를 통한 간접 경험 역시 효과적이다. 문학 작품 속에는 인간에 대한 깊은 이해와 통찰이 들어있기 때문이다. 또한 다양한 주제로 나와 다른 생각을 하는 사람들과 소통해보는 것 역시 EQ를 키우는 좋은 방법이다. 다만 EQ를 기르기 위해서는 상, 하 관계의 '수직적 소통'이 아닌, 나와 상대방을 같은 선상에 두는 '수평적 소통'을 해야 한다. 이를 가장 잘 구현하는 방법이 바로 '토론'이다.

독서와 토론으로 기르는 '인간력'

우리나라 부모님들은 세계 최고의 교육열을 갖고 있다. '맹모삼천지교'에 따라 어떻게 해서든 좋은 학군으로 이사를 가려하고, 아이 학원비를 위해서 마트에서 일하는 것을 마다하지 않으며, 기꺼이 기러기 생활을 감당하는 아버지도 있다. 경제가 어려워져 식비는 줄여도 교육비만큼은 줄이지 않는 나라, 미국의 오바마 전 대통령도 본받자고 칭찬한 나라가 바로 우리나라이다.

그런데 문제는 그러한 교육열이 모두 대입을 향해 있다는 점이다. 솔직히 나부터도 아이들 성적에 초연하지 못하다. 영어, 수학 공부도 남들에게 뒤처지지 않게 시키면서 논술 디베이트 선생님이랍시고 아이들에게 책과 토론 자료까지 들이미니, 아이들을 더 힘들게 하는 것은 아닌지 고민스러울 때가 한두 번이 아니다.

하지만 분명한 것은 한 치 앞을 가늠할 수 없는 4차 산업혁명 시대에 대입 시험을 잘 보는 아이로 키우는 게 정답은 아니라는 것이다. 아이들이 지금 습득하고 외운 지식은 빅데이터를 기반으로 한 인공지능과 견주었을 때 양과 질, 모든 면에서 부족할 수밖에 없다.

중요한 것은 아이들의 상상력과 창의력을 키우는 것이다. 선입견과 편견, 기존의 상식에서 자유로운 말랑말랑한 뇌를 가진 아이들이 마음껏 상상하고 만들어낼 수 있는 새로운 세상에 관심을 집중해야 한다.

독서는 상상력과 창의력을 기르는 가장 오래되었지만 가장 확실한 방법이다. 책은 내가 살아보지 않은 세상을 이야기한다. 책의 배경은 화성이나 목성이 되기도 하고, 태양계를 넘어선 상상의 별일 수도, 3차원이 아닌 4차원, 5차원의 세계일 수도 있다. 우주가 있기 전부터 우리가 전혀 상상할 수 없는 미래 시대까지를 포함한 모든 세계에서 상상력은 날개를 펼친다.

아이들은 책을 읽을 때 눈으로는 글자를 읽지만, 머릿속으로는 시공간을 넘나들며 책 속의 세상을 끊임없이 상상하고 새로운 세상을 창조해 낸다. 특히 아이들의 뇌는 새로운 자극을 부담 없이 받아들이고 그것을 내면화해 상상력을 펼칠 수 있는 능력을 지녔다. 불가능을 가능하게 만드는 상상력과 창의력은 이러한 독서를 통해 길러질 수 있다.

그러나 아무리 좋은 아이디어라도 혼자만의 아이디어는 그 자체에 머무를 확률이 높다. 다른 여러 분야의 사람들과 공유하고 발전시켜 나갈 때 그 아이디어는 실현이 가능해진다. 타인과 소통하고 협업하는 힘이야말로 변화하는 시대에 함께 적응하고 살아갈 수 있는 길이다.

'토론'은 서로 다른 생각을 가진 사람들이 하나의 주제를 가지고 자신의 주장을 펼치는 과정이다. 내 생각을 상대방에게 무조건 강요하거나 주입시키는 게 아니라 근거와 타당한 이유를 들어서 설명하는 과정이기도 하다. 그 과정에서 내 생각의 부족한 점을 깨닫고, 서로 다른 생각 속에 더 나은 제삼의 결론을 끌어내기도 한다. 결국 '토론'이야말로 소통하고 협업하는 인간의 힘을 키우는 좋은 방법인 것이다.

앞으로 30년, 50년, 100년 후 세상이 어떻게 변할지는 아무도 알 수 없다. 다만 무인 자동차가 도로를 질주하고, 인공지능 로봇이 인간의 영역을 상당 부분 차지하고, 많은 질병이 극복돼 생명이 연장되는 등 지금껏 불가능이라 여겼던 부분이 현실화할 것임은 분명하다.

'이러한 격변의 시대를 살아가야 할 아이들에게 무엇을 가르쳐야 할 것인가?'에 대한 답 역시 자명하다. 기계에 맞설 인간으로서의 저력을 길러야 한다. 인공지능 로봇이 대체할 수 없는 창의력과 상상력이 풍부한 아이, EQ가 높은 아이, 소통에 능해 협업을 이뤄낼 수 있는 리더십 있는 아이로 자라게 해야 한다. 그를 위한 길은 가장 오래됐지만 충분히 검증되어온 방법, 즉 독서와 토론을 통해 찾아 나갈 수 있다.

반갑게도 최근 우리나라 교육 정책에도 변화가 일기 시작했다. 공교육에서도 토론과 독서 교육이 점점 더 비중을 넓혀나가고 있는 것이다. 이번 2022 개정 교육 과정의 핵심도 아이들의 생각을 키우는 것이며, 그 방법으로 토론과 독서의 중요성을 강조하고 있다. 현명한 부모라면 이러한 시대의 흐름을 읽고 내 것으로 만들어야 한다.

02
교육 전반의 변화
학교 수업에 토론이 들어왔다!

2015 국어과 교육 과정에 처음 들어간 '한 학기 한 권 읽기'가 2022 개정 교육 과정과 국어 교과서 편찬 기준에 반영되었다. '한 학기 한 권 읽기'는 말 그대로 '자신이 고른 책 한 권을 처음부터 끝까지 읽으며 어휘력과 사고력을 향상하고, 친구들과 더불어 토론하면서 의사소통 능력을 키운다.'는 취지로 교육 현장에서 매우 긍정적인 반응을 거두고 있다.

이번 교육 과정이 자리 잡게 되면 독서와 토론이 수업의 중심이 될 수 있다. 기존 선생님 중심의 주입식, 강의식 교육이 아닌 학생의 참여가 주가 되는 수업이 될 것이며, 생각하는 힘, 문제 해결력 등 앞으로 자신의 꿈을 펼치기 위한 기초체력을 기르는 데 큰 역할을 할 것이다.

아직은 2% 부족한 초등학교 토론 수업

그렇다면 실제로 학교에서는 토론 수업이 어떻게 이뤄지고 있을까? 초등학교에서는 5학년, 6학년 국어 시간에 토론을 배운다. 교과서에는 '토론'을 '한 주제에 대해서 서로 반대되는 의견을 가진 사람들이 자신의 주장을 논리 있게 펼치는 것'이라고 소개하고 있다. '일기장 검사를 하지 말아야 한다.', '단원 평가는 보지 말아야 한다.'와 같이 찬, 반이 나뉘는 주제에 대해서 논리적인 근거를 들어 주장을 펼쳐 보이는 것이다.

토론과 더불어 토의도 배운다. 5학년 1학기 교과서에는 '토의'를 '해결할 공동의 문제에 대해서 정보와 의견을 주고받은 뒤에 가장 좋은 해결 방법을 찾는 것'이라고 소개하고 있다. 바람직한 토의 절차로 먼저 공동의 주제를 정하고, 자신의 의견을 마련하라고 제안한다. 이후 각자 근거 자료를 모아서 다 함께 서로 다른 의견을 충분히 나눈 후에 가장 좋은 해결 방법을 선택하는 방식이다. 공동 주제로는 '운동장에 아이들이 많아서 제대로 놀지 못하는데 어떻게 하면 좋을까?', '초등학생의 체력을 키우려면 어떻게 해야 할까?' 등이 제시되고 있다. 대부분 선생님의 설명 후에 모둠별로 주제를 정해서 토론 또는 토의를 하는데, 특별한 형식 없이 모둠끼리 돌아가면서 자신의 의견을 말한다.

큰아이가 초등학교 5학년 때 일이다. 초등학교 3학년부터 엄마표 디베이트 수업을 받아왔던지라 국어 시간에 토론 수업을 한다고 하니 얼마나 기대가 컸는지 모른다. "파이팅!"을 외치며 학교에 갔는데 막상 토론 수업을 마치고 돌아온 큰아이는 실망이 이만저만 아니었다.

선생님께서 토론이 무엇인지 교과서를 읽으며 소개하신 후, 아이들더러 주어진 주제에 대해 순서대로 일어나 이야기해보라고 했단다. 스무 명이 넘는 아이들이 자기 차례가 오길 기다려 주장과 근거를 얘기하고는 제 자리에 앉는 식으로 토론 수업이 끝났다는 것이다.

많은 아이를 상대로 익숙지 않은 토론 수업을 하는 선생님의 고충을 이해 못 하는 바는 아니지만 정말 아쉬웠다. 아이들이 나와 다른 주장을 한 친구의 의견에 반박하고, 그 친구가 재반박을 하는 그 짜릿한 재미를 느낄 기회가 날아가 버렸기 때문이다. 토론의 묘미는 서로 다른 주장을 가진 사람들이 '근거'와 '논리'라는 도구로 상대방을 설득하고 설득되면서 생각이 폭발하는 데 있는데, 밋밋하게 자신의 순서에 일어나 의견만 말하고 앉았다니…. 만약 아이들이 학교에서 토론의 재미를 느꼈다면 이후 수업 분위기는 전보다 훨씬 더 활기차졌을 것이다.

이후 제자들이 전해 준 토론 수업에 대한 평가 역시 별반 차이가 없었다. 어떤 학생은 찬성 팀, 반대 팀으로 나눠서 토론한 것까지는 좋았는데 최종 승패를 결정하는 판정단이 같은 반 친구들이다 보니 친한 친구의 편을 들어줬다며 억울해했다. 또 어떤 학생은 논리와 근거보다는 목소리가 큰 친구, 인기 많은 친구가 이기는 식이었다고 말했다.

그럼에도 불구하고 토론 수업에 대한 아이들의 평가는 대체로 긍정적이었다. 선생님 혼자 설명하는 강의식 수업보다 훨씬 재밌었다는 것이다. 이렇게 아이들은 스스로 참여하고 자신의 의견을 낼 수 있는 수업에 더 큰 재미를 느낀다.

체계적인 토론 수업이 절실한 중학교

중학교부터는 학교마다 교과서를 다르게 선정하므로 "학교 토론 수업은 이렇다."라고 단정 지어 말하기 어렵다. 그러나 큰아이와 논술 디베이트 수업에서 만난 여러 아이들의 사례를 기준으로 살펴보면 중학교에서의 토론 수업도 초등학교와 크게 다르지 않다. 그래도 간혹 '토론'을 수업에 적극적으로 활용하시는 선생님을 만나게 되면 반갑다.

천재교육에서 출간한 중학교 국어 교과서 2학년 1학기에는 '같은 대상, 다른 생각'이라는 단원이 있다. 같은 대상에 대해서도 서로 다른 관점으로 생각할 수 있음을 드러내는 예시로 '한식의 세계화, 퓨전이 해법'(전성철), '한식 세계화, 한식 본연의 정체성으로 승부해야'(노정연)라는 두 글이 소개되고 있다. 한식 세계화를 퓨전으로 풀어 가야 할지, 한식 고유의 맛으로 승부를 겨뤄야 할지, 서로 다른 관점에서 쓴 글을 읽고 비교 분석해 자신의 의견을 말하는 단원이다.

큰아이는 이 단원을 배우면서 친구들과 함께 '인터넷 축약어를 허용해야 하나?'와 '사형제를 폐지해야 하나?'를 주제로 토론을 펼쳤다고 한다. 25명의 반 아이들이 모두 네 개의 모둠으로 나뉘어 제비뽑기로 모둠의 입장을 정했다. '인터넷 축약어를 허용해야 한다.', '인터넷 축약어를 허용하면 안 된다.'와 '사형제를 폐지해야 한다.', '사형제를 존속시켜야 한다.' 이렇게 총 네 팀으로 구성된 것이다.

토론 수업의 첫날에는 인터넷 축약어에 대한 찬성, 반대 팀이 나와서 토론을 했는데 모둠 대표가 입론서의 핵심 주장을 말하고, 특별한 형식 없이 찬, 반 팀이 서로 의견을 주고받으며 토론을 펼쳤다고 한다. 다음 수업에는 사형제 찬성, 반대 팀이 나와서 앞서 진행한 방법으로 다시 토론을 펼쳤다고 한다. 이렇게 45분씩 2차에 걸쳐 진행된 아이들의 토론 점수와 입론서는 모두 국어 수행평가에 반영되었다.

큰아이가 수업을 준비하는 과정을 보니 토론 수업이 공교육에 좀 더 깊숙이 자리 잡았으면 하는 바람이 생겼다. 주제에 대해서 스스로 자료를 찾고, 모둠끼리 모여서 의견을 나누며 입론을 완성해 가는 과정이 다름 아닌 '자기주도학습'과 '소통'의 과정이었기 때문이다. 토론의 구체적인 형식, 그리고 교과과정 상 1년 동안 단 2차시의 토론 시간 비중이 아쉬울 뿐이었다. 국어 시간뿐 아니라 역사나 도덕, 사회 시간에 토론이 활발하게 진행된다면 아이들의 논리성과 생각하는 힘이 배가될 텐데…. 중학교는 토론을 꽃피울 수 있는 시기이므로 토론 교육이 공교육에 보다 적극적으로 도입되었으면 한다.

중1 자유학기제, 토론을 배우기 위한 적기!

2016년 전국의 모든 중학교에서 시작한 '자유학기제'가 잠시 '자유학년제'가 되었다가 2022년 개정 교육 과정에 따라 다시 '자유학기제'로 자리잡았다. 자유학기제는 중간고사, 기말고사 시험을 보지 않고 총 102시간 동안 진로, 체험 활동을 한다. 학교별로 내용엔 다소 차이가 있지만 주제선택 활동과 다양한 예술·체육활동, 동아리활동과 진로탐색활동을 수행한다.

이 기간 동안 학생들은 시험의 중압감에서 벗어나 학교 안팎에서 다양한 활동을 하며 저마다의 꿈과 끼를 찾고 소질을 계발할 수 있다. 선생님은 학생의 참여도와 태도, 학생이 보여준 역량과 변화를 관찰해 학생부에 서술식으로 기록한다. 이번 2022년 교육 과정에서는 초등학교 6학년 2학기, 중학교 3학년 2학기, 고등학교 3학년 수능 이후에 학교급별로 다음 학년에 대한 이해를 돕고 진로를 탐색하는 진로연계 학기가 도입된다고 밝혔다.

큰아이의 경우, 중학교 1학년 2학기 때 자유학기제를 경험했다. 일주일에 두 번, 5교시부터 7교시까지 선택수업이 있었는데 연극, 뮤지컬, 사회적 기업 창업, 과학토론, 이야기 창작, 드론 만들기 등 평소 접하기 어려운 다양한 수업이 개설되어 아이들 각자 원하는 수업을 신청해서 들었다. 중간고사와 기말고사를 보는 기간에는 시험 대신 현장체험학습을 통해 진로를 탐색하는 시간도 가졌다.

시험의 부담감에서 벗어나 스스로 진로를 고민하고 색다른 경험을 해보는 시간은 여러 가지로 의미가 있었다. 사회적 기업 창업 수업 때는 아이들이 직접 차와 핫팩을 팔아서 번 수익금을 어려운 이웃에게 기부했고, 연극 수업 때는 대본에서부터 소품까지 직접 준비하여 한 편의 멋진 연극을 무대에 올리기도 했다.

아쉬웠던 점은 좀 더 다양한 과목이 개설되었으면 하는 것과 시간이 짧았다는 것이다. 2학기는 9월부터 12월까지 4달밖에 안 되는데, 2달에 2과목씩, 총 4개 과목을 수강해야 하니 늘 시간에 쫓기고 결과물을 내는 데 급급했다. 그러다 보니 이미 자유학기제를 보낸 중2, 중3, 고등학교 학부모님 중에는 "자유학기제 기간이 공부하는 것도, 제대로 된 경험을 하는 것도 아닌 어정쩡한 시기였다."라고 평가하는 분이 많다. 또 어떤 학부모는 "고등학교 진학을 위해 선행학습을 할 수 있는 마지막 기회다."라고 말하기도 한다.

준비되지 않은 상태로 자유학기제를 보낸다면 앞으로도 이런 평가는 계속될 것이며 자유학기제가 만들어진 취지가 무색해질 것이다. 이 제도가 제대로 자리를 잡으려면 시간을 좀 더 여유 있게 가지고, 전문가들의 참여를 통해 맛보기식 수업이 아닌, 깊이 있는 수업이 될 수 있도록 기획해야 한다.

시험과 성적으로부터 자유로운 자유학기제만큼 토론 교육을 하기에 좋은 시기도 없다. 그 기간만이라도 학교에서 1년짜리 토론 교육 커리큘럼을 만들어서 일주일에 한 번, 또는 이 주일에 한 번씩 꾸준히 토론을 시키면 어떨까? 그렇게 된다면 1년 후 완전히 달라진 아이들을 만날 수 있을 것이다.

고교학점제에 꼭 필요한 토론 능력

최근 고등학교에 있어서 가장 큰 변화는 '고교학점제'다. 2020년 서울의 4개 산학일체형도제학교(마이스터고)에서는 이미 고교학점제가 시작됐다. 교육부는 2022년 특성화고와 일반고 등에 고교학점제를 부분 도입하고, 2025년부터는 전체 고교과정에서 시행할 계획이다. 고교학점제란 대학처럼 학생들이 교과를 선택하여 교실을 옮겨 다니며 수업을 듣고, 이에 따라 학점을 받아 졸업하는 제도다. 과도한 성적 경쟁과 입시에 대한 부담을 덜고, 진로와 적성에 따라 수업을 받도록 하는 게 그 취지이다.

고교학점제가 본격적으로 시행되려면 우선적으로 교사가 더 충원되어야 하고, 부족한 교실을 마련하고, 대입 관련 제도를 개편해야 하는 등 당면한 과제가 많다. 그러나 학생들이 자신의 능력과 적성에 맞는 수업을 고를 수 있고, 학교 교육에 대한 교사의 책임이 늘어날 뿐 아니라, 고등학교 수업의 주체가 선생님이 아닌 학생이 된다는 점에서 긍정적인 변화가 예상된다.

고교학점제가 되려면 학교 내신은 지금처럼 상대평가가 아닌 절대평가가 돼야 할 것이다. 고교학점제를 운용하면 학생 스스로 수업을 선택하게 되는데, 내신이 상대평가로 유지되면 학생들이 성적을 쉽게 낼 수 있는 과목으로 몰리게 될 가능성이 크고, 대학에서도 학생들을 평가하는 기준이 모호해지기 때문이다.

고등학교 내신을 절대평가로 하게 되면 개별적으로 점수를 높이려는 공부보다 팀별 과제나 연구가 더 활성화될 가능성이 커진다. 이 과정에서 적극적으로 빛을 발하게 될 능력이 바로 '토론' 능력이다. 서로 다른 의견을 가진 친구들이 공동의 목표를 향해 머리를 맞대고 시너지를 내기 위해서는 토론의 과정이 필수이기 때문이다. 따라서 앞으로 고교학점제가 전격 도입되면 학생들에게 '토론 문화'가 자연스럽게 자리 잡게 될 것이며, 토론을 잘하는 학생, 협업을 잘하는 학생이 능력을 인정받게 될 것이다.

지금까지 초, 중, 고등학교에서 도입되고 있는 토론 교육의 현실 및 의미에 대해 간단히 살펴보았다. 우리나라 아이들이 내로라하는 인재들만 들어간다는 아이비리그 대학에 힘겹게 들어가서 적응하지 못하고 중퇴하는 사례가 많은 것은 '토론에 익숙하지 않아서'라는 분석이 많다. 늘 교과서 속 정답을 찾는 교육만을 받다가 책과 교수님이 들려주는 이야기를 넘어 나만의 생각을 찾아내야 하는 수업에 적응을 못해서다. 서로 다른 생각을 하는 친구들과 격렬하게 토론하면서 더 나은 대안을 모색하고 합의점을 찾아가는 것 역시 토론 문화에 익숙하지 않은 아이들에겐 어려운 일이다.

반면 대학에 진학하거나 사회생활을 할 때 꼭 필요한 능력이 협업하는 능력이다. 분야별, 기관별, 세대별 구분이 사라지면서 융합을 강조한 지도 오래다. 대학과 기업이 협업하고, 인문학과 정보통신기술이 만나며, 여러 세계가 함께 협업해 연구하는 세상인 것이다. 신성철 한국과학기술원(KAIST) 총장은 "앞으로의 인재는 '이과적'이지만은 않을 것이다. 4차 산업혁명 시대를 관통하는 키워드로 초연결, 초지능, 융·복합 등 기술의 변화 세 가지를 꼽는데, 여기에 맞는 인재는 협업 능력, 창의력, 윤리를 두루 갖춘 사람이다."라고 말했다.(2018.8.28. 아시아경제) 앞으로는 과학자에게도 이과적인 능력뿐 아니라 분야를 넘나드는 융·복합 능력과 협업하는 능력이 중요하다는 얘기다.

이 책은 지난 십여 년간 두 아이뿐 아니라 초, 중, 고교 아이들에게 독서와 토론(디베이트), 논술을 가르치며 얻은 생생한 경험을 담고 있다. 어떻게 해야 아이들이 독서의 즐거움에 빠질 수 있는지, 토론과 쉽게 친해질 수 있는지, 어떤 주제가 아이들의 흥미를 불러일으키는지, 또한 토론한 내용을 논술로 연결하는 효과적인 방법은 무엇인지, '형식이 있는 토론'인 '디베이트'를 통해 알아보자.

03
형식이 있는 토론, 디베이트

오랜 시간 토론 교육을 어떤 방법으로 해야 할지 고민이 많았다. 독후 활동으로 하는 토론은 일단 재미있고, 아이들의 생각하는 힘을 키우는 데 탁월하지만, 그 주제가 책에 한정돼 있다는 아쉬움이 있었다. 뉴스나 신문에 나오는 시사적인 주제를 가지고 아이들과 토론을 벌여보고 싶은데, 시중에 나온 책이나 자료들을 아무리 찾아봐도 딱히 "이거다!" 싶은 게 없었다.

그 무렵 우연한 기회로 케빈 리의 디베이트 강연을 듣게 되었다. 미국 디베이트 협회인 'NFL(National Forensic League)'에서 만든 '퍼블릭 포럼 디베이트'가 무엇인지, 이를 아이들에게 어떻게 가르치는지, 어떤 효과가 있는지 소개하는 내용이었다. 강연을 들으며 절로 무릎을 탁 쳤다. 내가 찾던 토론의 철학과 방법이 그대로 구현돼 있었기 때문이다.

케빈 리는 우리나라에서 기자로 일하다 미국 LA로 건너가 '미주교육신문'을 발행하고 미국 한인 사회에 디베이트 문화를 확산시킨 교육전문가다. 이후 디베이트 노하우를 우리나라 교육에 접목시켜보고자 한국으로 돌아와 '투게더 디베이트 클럽'을 설립했다. 나는 강연을 듣고 나오자마자 바로 '디베이트 코치' 과정에 등록해 본격적으로 디베이트에 대해 배웠다.

사실 내가 처음 '디베이트(debate)'란 말을 들은 것은 교육열이 대단한 친구를 통해서였다. 지금은 대학생이 된 그 친구의 딸은 중학생 때부터 각종 영어 토론대회와 모의유엔대회에 출전해 좋은 성적을 거둔 영재였다. 그 아이의 사례를 보면서 자연스럽게 '디베이트=영어 교육'이라는 고정관념을 갖고 있었다. 그러나 전문가들은 아이들의 논리성과 생각하는 힘을 기르는 데에는 외국어보다 모국어를 사용하는 게 훨씬 더 효과적이라고 말한다. 모국어로 디베이트를 했을 때, 주어진 주제에 더 몰입하고 생각이 더 자유롭게 확장되기 때문이다.

실제 두 아이를 키우며 논술 디베이트 수업을 오랫동안 한 결과, 디베이트만큼 성공적인 교육 방법은 없다고 자부한다. 아이들의 생활과 밀접

한 다양한 주제를 가지고 벌인 디베이트는 아이들에게 세상을 보는 눈을 뜨게 했고, 비판적 사고력은 물론, 자기주도학습 능력과 읽기 능력, 말하기 능력과 팀워크까지 고루 배울 수 있는 최고의 교육 방법이었다. 경험에 의한 디베이트 추종자로서, 지금은 언제 어디서든 아이를 키우는 부모님이나 선생님 앞에서 목청 높여 이야기한다. 디베이트야말로 최고의 교육이라고 말이다.

디베이트란 무엇인가?

'디베이트(debate)'는 사전적인 의미로 '격식을 갖춘 토론, 논쟁'이다. 우리나라 말로 표현하면 '토론'이 가장 비슷하나, 토론이 특별한 형식이 없는 데 반해 디베이트는 일정한 형식이 있다는 점에서 차이가 있다. '디스커션(discussion)'은 우리나라의 '토의'와 비슷한 형태로, 디베이트와는 다르다.

제대로 된 토론에는 반드시 형식이 필요하다. 만약 목소리가 크고 영향력이 센 사람이 발언 순서와 시간이 정해져 있지 않은 토론에 참여했다고 하자. 그 사람의 일방적인 주장만 난무하는 토론이 될 것이 불을 보듯 뻔하다. 장유유서의 문화가 있는 우리나라에서는 특히 윗사람의 이야기를 일방적으로 들어야 하는 경우도 많다.

잊을 만하면 등장하는 TV 속 정치인들의 토론을 보면 도대체 경청과 배려를 배운 게 맞나 의아할 때가 있다. 상대방의 말을 중간에 확 끊고

자기가 하고 싶은 말을 하는 후보, 정해진 시간을 지키지 않고 어떻게 해서든 오랫동안 마이크를 잡으려는 후보, 주제와 동떨어진 사적인 공격으로 분위기를 흐리는 후보…. 막무가내로 자기주장만 펼치는 후보들의 모습을 보면 한숨을 내쉬며 채널을 돌리게 된다.

형식이 갖춰져 있어야 토론자들이 고르게 발언권을 가질 수 있고, 토론도 공정하게 이뤄진다. 또 그렇게 토론이 이루어져야 토론을 지켜보는 청중 입장에서도 누구 의견이 옳은지 그른지 판단할 수 있다.

디베이트는 '찬, 반이 확실한 주제를 가지고, 청중들 앞에서, 두 사람 이상의 사람이 서로 반대되는 입장을 개진하는 형식이 분명한 토론'이다. 따라서 이 책에서 다루는 내용은 엄밀히 말하자면 '형식이 있는 토론'인 '디베이트'이다. 다만 '토론'의 뜻이 '디베이트'를 포괄하고 있으므로, 두 단어를 적절히 함께 사용할 예정이다.

형식이 있는 디베이트를 배워야 하는 이유

아이들이 형식을 갖춘 토론인 '디베이트'를 배워야 하는 이유는 '말하기'가 아닌 '논리'를 가르치기 때문이다. 많은 사람이 토론을 잘하려면 이른바 '말발이 세야 한다'고 여긴다. 청산유수처럼 말을 매끄럽게 잘하는 것이 토론의 핵심이라 생각하는 것이다.

물론 말을 잘하는 것은 토론에서 매우 유리한 조건이다. 하지만 내용은 없고 말만 번지르르하게 한다고 설득될 사람은 아무도 없다. 디베이트에서는 논리적인 주장과 근거, 예시를 강조한다. 말이 좀 어눌해도 그 안에 일관된 논리가 꽉 차 있다면 상대방을 설득할 수 있다.

디베이트 형식의 전제는 '나와 상대방이 대등한 관계'라는 것이다. 상대방이 나보다 나이가 많은 선배이거나 스승일지라도 디베이트를 할 때만큼은 동등한 관계에 놓이게 된다. 예를 들어, 한 직장의 상사와 부하가 "오늘 회식을 해야 하나?"를 두고 토론을 벌인다고 하자. 회식을 주장하는 상사는 자신의 지위를 등에 업고 부하 직원에게 회식을 해야 하는 이유를 장황하게 늘어놓을 수 있을 것이다.

하지만 형식을 갖춘 디베이트를 하게 되면 상황은 달라진다. 발언 시간과 순서가 정해져 있기 때문에 상사뿐 아니라 "회식을 하지 말아야 한다."는 부하 직원의 이야기도 똑같이 들어야 하고, 판단은 그 디베이트를 보고 있는 청중인 다른 직원들이 하게 될 터이다. 사람과 사람이 동등하게 자신의 주장을 내세울 수 있는 것이 바로 디베이트의 장점이다.

또한, 디베이트는 팀원 모두의 참여를 중요시한다. 일반적인 토론에서는 말을 잘하거나 적극적인 사람이 주도권을 쥐게 된다. 그래서 분명 토론을 시작할 때는 팀 대 팀끼리의 토론이었는데 끝으로 갈수록 말 잘하는 사람들 간의 일대일 토론이 될 때가 많다. 디베이트는 팀원들 모두가 발언권을 가지기 때문에 누군가는 주도권을 쥐고 남은 팀원들이 들러리를 서야 하는 일이 없다. 역으로, 디베이트에 참여한 사람들 모두가 자신이 맡은 순서를 책임져야 한다.

디베이트의 여러 형식

미국의 디베이트 협회 NFL(National Forensic League)은 1925년, 리폰 칼리지의 브루노 제이컵(Bruno E. Jacob) 교수가 창설한 비영리 교육기관이다. 처음에는 미국 고등학들의 디베이트, 스피치 활동을 격려하는 데 중점을 뒀으나 1990년대부터는 중학생들을 위한 프로그램 등 좀 더 다양한 연령층과 지역으로 대상이 확대되었다. 지금까지 NFL을 통해 각계각층의 명사들이 배출되었으며, 현재도 매년 NFL 전국대회가 열리고 있다.

"대한민국 교육을 바꾼다 Debate"(케빈 리, 한겨레에듀)를 참고해 NFL에서 정의한 디베이트 형식을 소개하면 다음과 같다. 가장 대표적인 형식은 '링컨 더글러스 디베이트(Lincoln Douglas Debate)'이다. 1858년 미국 일리노이주 상원의원 선거에서 공화당의 에이브러햄 링컨과 민주당의 스티븐 더글러스가 '미국에서 노예제를 계속할 것인가, 폐지할 것인가'를 두고 일곱 차례 디베이트를 벌인 것에서 유래된 형식이다. 링컨 더글러스 디베이트는 두 사람이 일대일로 대결하되 주로 윤리, 철학적인 주제를 두고 디베이트 한다는 특징이 있다.

'의회식 디베이트(Parliamentary Debate)'는 영국의회에 기원을 두고 있는 형식으로 찬성 팀은 정부 입장을, 반대 팀은 야당 견해를 대변하고, 주로

2:2로 진행한다. 주제는 보통 대회 직전에 주어지기 때문에 평소 다양한 상식을 쌓은 학생이 유리하며, 학생들 간 기량을 비교하기에도 좋다. 먼저 찬성 팀 대표(총리)가 의견을 개진한 후, 반대 팀 대표(야당 대표)가 나와 찬성 팀 의견을 반박하고 자신의 견해를 말한다. 이후 찬성 팀(정부 각료)이 반대편 견해에 대해 반박하고, 반대 팀(야당 당원)이 찬성 팀 견해에 대해 반박한다. 마무리는 반대 팀 대표(야당 대표)가 먼저 나와 자신의 견해가 옳음을 다시 한번 강조하고, 마지막으로 찬성 팀 대표(총리)가 나와 자신의 주장이 옳음을 다시 한번 강조하고 끝난다.

그 외에 정부 정책에 대한 주제를 가지고 1년 동안 진행하는 '폴리시 디베이트(Policy Debate)'가 있다. '정부는 핵무기를 줄여나가야 한다.', '정부는 가난한 사람들을 위한 복지정책을 늘려가야 한다.' 등 정부의 주요 정책에 관해서 1년 동안 심도 있게 조사하면서 디베이트를 펼치기 때문에 초등학생, 중학생들에겐 적합하지 않다.

초등학생, 중학생이 디베이트를 배우기에 가장 적합한 형식은 2002년 NFL에서 학생들을 위해 개발한 '퍼블릭 포럼 디베이트(Public Forum Debate)'이다. 퍼블릭 포럼 디베이트는 다양한 주제를 가지고 여러 학생이 정기적으로 모여서 논리를 겨루는 게임과 같은 형식이다. 찬성 팀과 반대 팀으로 나눠서 각자의 주장을 일목요연하게 제시하는 '입안', 상대 팀 주장의 논리적인 허점과 오류를 집어내는 '반박', 찬성 팀과 반대 팀이 탁구공이 오가듯 질의응답을 펼치는 '교차 질의' 등의 형식도 아이들이 이해하고 쉽고 재미있다. 퍼블릭 포럼 디베이트의 구체적인 형식에 대해서는 뒤에서 다시 자세히 소개하기로 한다.

그밖에 다양한 토론 형식

앞에서 소개한 디베이트 형식 말고도 학교나 소그룹 모임, 가정에서 활용할만한 토론의 형식도 있다. 토론 교육 전문가로 알려진 강치원 교수가 쓴 "토론의 힘"(느낌이있는책)에서는 피라미드 토론, 모둠 토론, 찬반 토론, 세다(CEDA) 토론, 원탁 토론 등이 소개되고 있다.

'피라미드 토론'은 1:1로 토론해서 합의를 본 후 다시 2:2로 확장해 4명이 함께 토론해서 합의를 보고, 또다시 4:4, 8:8과 같은 식으로 토론의 인원을 배로 확장하면서 합의를 끌어내는 형식이다. 토론에 참석한 아이들 모두가 자신의 의견을 이야기할 수 있고, 결국에는 하나의 합의점을 도출해낸다는 데 의의가 있다.

피라미드 토론은 가정에서도 활용할 수 있다. 예를 들어 네 명의 가족이 아침 일찍 출발해 강릉에서 점심, 저녁을 먹고 온다고 하자. 아버지는 주문진항에 가서 회를 먹고 중앙시장의 닭강정을 사자고 하시고, 어머니는 초당 순두부를 먹고 카페 거리에서 커피를 마시고 싶어 하신다.

첫째는 대게와 TV에 소개된 칼국수를 먹고 싶어 하고, 둘째는 닭갈비와 시원한 막국수를 먹고 싶어 한다. 이렇게 모두의 의견이 다를 때는 동전 던지기나 손바닥 편 가르기를 해서 팀을 둘로 나눈 후 1:1로 토론을 벌인다. 아버지와 어머니가 각각 2개씩 제시한 총 4개의 메뉴를 가지고 토론한 후 2가지를 선정하고, 첫째와 둘째도 같은 방법으로 총 4개의 메뉴 중 2가지를 고른다. 이후 부모 팀 대 자녀 팀으로 나누어서 2:2 토론을 벌인 후 최종 먹거리 2가지를 정하면 된다. 합의된 메뉴에 대해서 가족 모두 따라야 하는 것은 당연한 일이다.

'모둠 토론'은 3명~7명가량의 모둠끼리 목적에 맞게 의견을 나누는, 토의와 비슷한 형식이다. 예를 들어 '이번 수학여행 때 우리 조는 무슨 장기자랑을 할 것인가?', '우리 조는 학급 청소를 어떻게 나눠서 할 것인가?' 등의 주제를 갖고 의견을 나눌 때 적합하다. 과정 중에 의견이 서로 충돌하기도 하나 최종적으로는 하나의 합의점에 도달하는 방식이다.

'찬반 토론'은 말 그대로 찬성 팀과 반대 팀이 분명한 토론 형식이다. 주제는 찬, 반이 명확하고, 현실의 반대되는 내용이 적합하다. 예를 들어, '사형 제도는 폐지되어야 한다.', '인터넷 실명제는 시행되어야 한다.' 등의 주제에 알맞은 토론 방식이다. 찬반 토론에서는 발언 순서와 시간(2분~4분)을 정하고 진행한다. 보통 찬성 팀 발언으로 시작해 반대 팀의 반박, 찬성 팀의 재반박이 이어지다가 마지막에는 찬성 팀 발언으로 끝난다.

'세다(CEDA) 토론'은 찬반 토론의 한 갈래다. '교차 조사 토론 협회(Cross Examination Debate Association)'라는 대학생 토론 조직에서 정부의 주요 정책에 관한 '폴리시 디베이트(Policy Debate)'를 하면서 알려지기 시작했다. 한쪽 팀이 자신의 주장과 근거를 담은 입론을 펼치면 상대 팀에서 질문을 던지고 대답을 듣는 '교차 조사'가 있다는 게 가장 큰 차이점이다.

주로 2:2로 팀을 구성하고 총 3라운드로 진행한다. 1라운드에서는 찬성 팀(1) 입론 → 반대 팀(2) 교차 조사 → 반대 팀(1) 입론 → 찬성 팀(1) 교차 조사로 이어지고, 2라운드에서는 찬성 팀(2) 입론 → 반대 팀(1) 교차 조사 → 반대 팀(2) 입론 → 찬성 팀(2) 교차 조사로 마무리된다. 마지막 3라운드에서는 반대 팀(1) 반론 → 찬성 팀(1) 반론 → 반대 팀(2) 반론 → 찬성 팀(2) 반론으로 끝난다. 이처럼 세다 토론은 발언의 순서와 시간이 정해져 있고 토론자들의 토론 역량을 살펴볼 수 있는 '교차 조사'가 있어서 학교에서나 그 밖의 토론대회에서 가장 많이 쓰인다.

'원탁 토론'은 6명~10명 내외의 소규모 집단이 동등한 위치에서 자유롭게 토론하는 방식이다. 원탁은 누구나 '평등함'을 전제로 한다. 발언 순서는 정해져 있지 않지만 발언 횟수와 시간은 똑같이 주어진다. 1차 발언 시간(각 3분)에는 참석한 토론자들 모두가 돌아가면서 입론을 펼치고, 2차 발언 시간(각 2분)에는 서로에게 반박이나 질문을 던진다. 예를 들어, "1차 발언에서 ○○○ 토론자께서는 △△△라고 주장하셨는데 저는 그 주장에 반대합니다. 그 이유는 □□□입니다."라든가 "1차 발언에서 ○○

○ 토론자께서는 △△△라고 주장하셨는데 저는 그 주장이 문제가 많다고 생각합니다. □□□에 대해서 어떻게 생각하십니까?" 등의 발언이 이어진다. 3차 발언 시간(각 2분)에는 2차 발언 때 제기된 반박에 대해서 재반박하거나 질문에 답하고, 마지막 정리 발언 시간(각 1분)에 각자의 입장을 다시 한번 강조해서 발표하는 시간을 갖는다.

원탁 토론은 현재 TV 토론에서 주로 쓰이는 방식으로, 발언 순서가 정해져 있지 않기 때문에 사회자의 비중이 크다. 토론자가 발언 시간을 지키지 않는 경우 사회자가 적절하게 발언을 자르면서 공정한 분위기를 이끌어가야 한다.

디베이트나 토론의 형식은 주제나 참가하는 토론자의 인원과 성향에 따라 알맞은 것을 선택해 활용하면 된다. 가족끼리 여행지를 고르거나 학급의 중요한 일을 정할 때는 피라미드 토론이나 모둠 토론, 원탁 토론 등을 활용하면 좋고, 찬반이 극명하게 갈리는 주제에 대해서는 찬반 토론을, 과학토론대회나 시사토론대회 등 토론 실력을 겨루는 대회에는 세다 토론을 활용하는 게 바람직하다.

평소 토론을 통해 아이들의 논리성과 순발력을 키우기 위해서는 찬반이 나뉘는 주제로, 발언 순서와 시간 등에 형식이 있는 토론이 적합하다. 앞서 소개한 '퍼블릭 포럼 디베이트'는 이러한 토론의 장점을 잘 갈무리한 형식이기에 학급이나 가정, 소규모 학원 등에서 적극적으로 활용할 만하다.

04
아이들이 쉽고 재밌게 배우는 '퍼블릭 포럼 디베이트'

—

—

—

—

디베이트 코치 과정을 수료하자마자 당시 초등학교 3학년이던 큰아이와 친구들을 모아놓고 수업을 진행해봤다. 첫 주제는 '우리나라의 개고기 먹는 문화는 없어져야 한다.'였다.

다섯 명의 아이 중 한 명은 사회를 보게 하고, 찬성 팀 2명, 반대 팀 2명을 정해 디베이트를 진행했었는데 결과는 대성공이었다. 처음에는 쑥스러워 쭈뼛쭈뼛하던 아이들이 중반 이후부터는 집중력이 높아지고 경쟁이 붙어서 서로 이야기하려고 난리가 났다. 끝나고 나서 아이들 모두 정말 재밌었다고 한 목소리로 칭찬을 이어나갔다.

이후 소규모로 논술 디베이트를 지도하면서 아이들에게 가장 많이 들은 소리는 "선생님, 디베이트부터 먼저 해요!"다. 2시간 수업 중에 앞의 1시간은 책으로 독서 수업을 하고, 뒤의 1시간 동안 디베이트 수업을 진행하다 보니, 더 재밌는 디베이트 수업부터 하자는 이야기다.

큰아이는 초등학교 3학년부터 6학년까지 거의 4년 동안 엄마표 디베이트 수업을 받았다. 유기동물의 안락사, 사형제도, 모병제와 징병제, 핵발전소 건립 문제 등 다양한 주제로 수업을 진행했는데, 보통 한 주제를 3주에 거쳐 했으니 4년 동안 얼추 70여 가지의 주제를 디베이트 한 셈이다. 그 경험을 바탕으로 중학교에서는 직접 과학토론동아리를 만들어서 동기, 후배들과 매주 토론을 벌였고, 토론 수업이 주를 이루는 특목고에서도, 이후 대학에서도 토론을 통해 서로 다른 사람과 소통하고 더 나은 결론을 도출해내는 것이 즐거운 일상이 되었다.

꾸준히 디베이트를 경험해 실력을 쌓아온 아이들은 어디서나 빛을 발한다. 교내 토론대회나 논술대회가 있었던 몇 년 전에는 함께 공부해온 대다수의 아이가 대회에서 좋은 성과를 거두었으며, 얼마 전에는 모든 수업을 토론 방식으로 진행하는 국제중학교에 다니는 학생이 자신이 수업 시간에 친구들로부터 가장 칭찬을 많이 받는 학생이라며 자부심을 드러내기도 했다.

평소 다양한 주제로 고민하고 토론해왔다면 과학이든 시사든, 어떤 주제가 주어져도 논리적으로 말하고 반박할 수 있다. 게다가 상대 팀의 주장과 근거를 잘 듣고 논리적인 허점이 무엇인지 파악해낼 수 있는 훈련도 되어 있겠다, 밝고 자신감 있는 목소리로 자신의 의견을 당당히 밝히는 태도도 익혀 왔겠다, 학교 수업에서 두각을 나타내는 것은 당연한 일이다.

퍼블릭 포럼 디베이트의 형식

퍼블릭 포럼 디베이트에서는 보통 찬성 팀 2명, 반대 팀 2명이 2:2로 겨룬다. 원래 형식에는 사회자가 없지만 디베이트를 지도하는 선생님이 판단해 사회자를 두는 것도 수업의 원활한 진행에 도움이 된다. 학생 수가 더 많은 학교 현장에서는 모둠으로 나눠서 디베이트를 진행하되, 모둠별로 사회자를 세우고, 각 팀의 구성원들이 입안, 반박, 요약, 마지막 초점 등의 역할을 나눠서 진행하면 된다.

주제는 디베이트를 하기 전에 미리 제시하여 각자 자료 조사를 해오도록 한다. 아이가 속할 팀이 찬성 팀이 될지, 반대 팀이 될지는 디베이트를 하는 당일 결정하므로 자료 조사는 반드시 찬반 양쪽 의견을 다 해와야 한다.

팀의 발언 순서와 찬반 입장은 동전 던지기로 정한다. 예를 들어 동전 던지기에서 앞면이 나온 팀이 발언 순서(먼저 발언, 나중 발언) 중에 하나를 택했다면 남은 한 팀은 찬반 입장(찬성, 반대) 중에 원하는 입장을 정할 수 있다. 누가 입안을 맡고 반박을 맡을지는 팀 내에서 정하면 된다.

	먼저 발언 팀(찬성/반대)	나중 발언 팀(찬성/반대)
입안	4분	4분
교차 질의	3분	
반박	4분	4분
교차 질의	3분	
요약	2분	2분
전체 교차 질의	3분	
마지막 초점	2분	2분

〈퍼블릭 포럼 디베이트의 진행 순서〉

찬성 팀, 반대 팀 모두 입안과 반박을 각각 4분까지 할 수 있고, 교차 질의는 두 팀이 합쳐서 3분씩, 요약과 마지막 초점은 각각 2분씩 사용할 수 있다. 이대로라면 총 33분의 시간이 필요하다. 중간에 팀별로 2분씩 작전 회의 시간을 주더라도 40분 내외면 충분하다.

입안이든 반박이든 내 주장의 근거와 예시를 충분히 들어야 한다. 그러나 실상 디베이트를 진행해보면 입안과 반박에 4분을 모두 쓰는 아이가 드물다. 대부분의 아이가 처음에는 1분을 넘기기도 어려워하다가 디베이트 경험이 쌓일수록 시간이 늘어난다. 4분을 꽉 채워 사용하려면 글자 크기 10포인트로 A4 용지 한 장을 가득 채울 정도로 많은 내용이 필요하기 때문이다.

디베이트 수업, 언제 시작하는 게 좋을까?

“디베이트 수업은 언제 시작하는 게 좋은가요?”, “디베이트 수업은 얼마나 자주, 언제까지 해야 하나요?” 많은 학부모들이 묻는 질문이다.

사실 토론은 언제 어디서든 시작할 수 있다. 굳이 학원을 보내지 않더라도 집에서 가족과 저녁 식사를 하면서 ‘주말에 어디로 놀러 갈지’, ‘할머니 생신 선물로 무엇을 사면 좋을지’ 서로의 의견을 나누는 것도 토론의 과정이 될 수 있다.

책을 읽고 하는 독서 토론이라면 초등학교 저학년부터 충분히 시작할 수 있다. ‘주인공의 선택은 옳았는지’, ‘주변 인물들의 역할은 바람직했는지’, ‘갈등을 풀어가는 더 나은 대안은 없는지’ 주제를 정해 다양한 의견을 교환한다면 책의 내용을 더 깊숙이 들여다볼 수 있고, 생각하는 힘도 기를 수 있다.

다만, 시사적인 주제를 가지고 일정한 형식과 순서에 맞춰 디베이트를 하려면 적어도 초등학교 3~4학년은 돼야 한다. 일단 입안, 반박, 교차질의 등 디베이트의 정확한 용어와 형식을 익히는 데 어려움이 있고, 주제 자체도 평소 본인의 관심사가 아니기 때문에 흥미를 느끼기 어렵다. 물론 칼로 무 자르듯 “초등학교 3~4학년부터 디베이트 수업을 해야 한다.”라고 말할 수는 없겠지만 적어도 3~4학년은 되어야 디베이트를 통해 논리성을 키우기 좋다.

초등학교 3~4학년의 디베이트 주제는 될 수 있으면 일상생활 속에서 찾는 게 바람직하다. '학교에서 일기장 검사를 해야 하는지', '수학 시간에 계산기를 사용해도 되는지', '친구가 먼저 때렸을 때 내가 때리는 것은 합당한 일인지' 등 초등 3~4학년의 눈높이에 맞는 쉽고 재밌는 주제부터 시작한다면 훌륭한 토론가로 성장하는 데 무리가 없다.

디베이트 수업을 했을 때 받아들이는 속도가 가장 빠른 시기는 초등학교 5~6학년이다. 나를 둘러싼 주변 환경에서 사회로 관심이 점점 확장되는 시기일뿐더러 학교 교과과정에서도 사회 문제가 본격적으로 다루어지기 때문에 시사적인 주제를 호기심 있게 바라본다. 이제까지 생각해보지 못한 분야의 주제이더라도 지적 호기심이 강한 아이들은 굉장히 흥미롭게 디베이트를 이어나간다.

그러나 뭐니 뭐니 해도 디베이트의 꽃은 중학교 때 활짝 핀다. TV 뉴스나 신문의 사건·사고에 관심이 많아지고, 시사적인 주제를 자신의 논리에 맞게 생각하고 표현할 줄 아는 나이이기 때문에, 형식만 익히면 디베이트를 즐기는 단계로 바로 넘어갈 수 있다.

그렇다면 디베이트 수업은 얼마나 오래 지속하는 게 좋을까? '퍼블릭 포럼 디베이트'의 경우, 형식을 익히는 데는 한두 달이면 족하다. 하지만 자료를 찾아 입안을 쓰고, 자신감 있게 말하며, 상대방의 이야기에 귀 기울이는 경청의 자세까지 배우려면 대략 2년 이상의 시간이 걸린다.

중요한 것은 '꾸준히' 하는 것이다. 일주일에 한 번, 1시간씩이라도 쉬지 않고 해야 탄력이 붙고 실력도 는다. 당장에 눈에 띄는 변화가 없더라도 꾸준히 디베이트를 하다 보면 어느새 비판적 사고력과 논리적인 사고력이 자라나는 것을 확인할 수 있다.

수업을 하다 보면 '아, 이게 디베이트 수업의 힘이구나!'라고 느낄 때가 한두 번이 아니다. 말하기 자체를 두려워하던 아이가 어느 순간 자기 생각을 자신 있게 이야기할 때, 반박이나 교차 질의 때 상대 팀의 공격에 속수무책으로 당하기만 하던 아이가 어느 날 상대 팀을 논리적으로 공격하는 모습을 볼 때, 선생님인 나도 생각지 못한 논거를 들어 멋진 발표를 할 때…, 선생님으로서 느끼는 감동은 헤아릴 수 없다.

그런 모습을 수없이 목격한 경험자로서 학부모님과 선생님들께 당부하고 싶은 한 가지는 아이들을 믿고 기다려줘야 한다는 것이다. 대나무는 아무리 물을 많이 주고 햇빛을 쏘여도 몇 년 동안 땅속에 그대로 있다. 하지만 한 번 싹이 난 이후엔 하루에 몇 미터씩 쑥쑥 자란다. 가시적인 효과가 없다고 다그칠 게 아니라 '우리 아이가 지금 대나무의 싹을 틔우기 위해 생각하는 힘을 기르고 있구나.'라고 믿고 기다려주어야 한다. 그러면 언젠가 아이들의 생각도 싹을 틔워 쑥쑥 자라날 것이다.

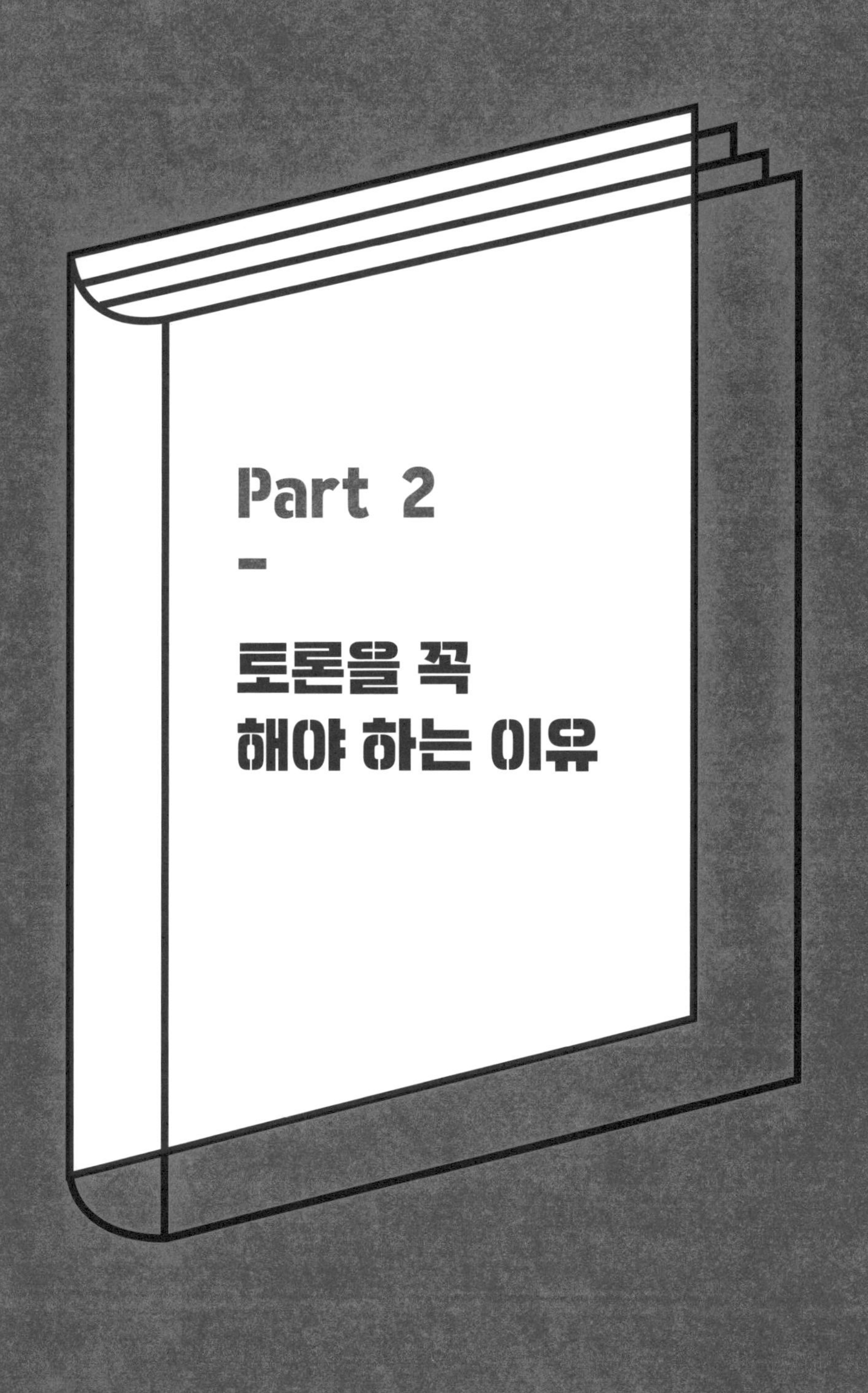

Part 2

토론을 꼭 해야 하는 이유

"

전 세계 인구의 0.25%밖에 안 되는 유대인들이 노벨상의 30%를 받고, 정신분석학자 프로이트, 물리학자 아인슈타인, 영화감독 스필버그 등 각 분야의 내로라하는 위인을 배출했으며, 록펠러, 모건, 뒤퐁, GE, 보잉, 제록스 등 이름만 들어도 아는 기업들을 키워낼 수 있었던 원동력은 무엇일까? '지능'이라 여기는 사람도 있겠지만 2003년 영국 런던의 '더 타임스'에 실린 영국 얼스터대학 리처드 린 교수팀의 발표에 따르면 유대인의 평균 IQ는 94로 세계 45위이며, 우리나라의 평균 IQ인 106에 비해서도 크게 뒤떨어진다.

많은 사람들이 그 이유로 유대인의 교육, 특히 '하브루타'에 주목하고 있다. 하브루타는 친구를 의미하는 '하베르'에서 나온 말로 '질문하고 대화하고 토론하는 짝'을 말한다. 유대인들에게 '하브루타'는 나이, 계급, 성별과 관계없이 함께 논쟁하면서 진리를 찾아가는 공부 방법이다.

몇 년 전부터 우리나라에서도 하브루타에 대한 관심이 뜨겁다. 유대인들의 교육 방법에 관한 관심이 하브루타로 이어진 덕분이다. 서점가에서도 하브루타에 관한 책들이 심심찮게 등장하고 논술학원에서도 하브루타식 교육을 지향한다는 홍보가 눈에 띈다. 그동안 주입식, 암기식 위주의 교육 방법을 고수해온 우리 교육 풍토에선 반가운 변화다. 나와 다른 생각을 하는 타인과 함께 머리를 맞대고 더 나은 결론을 도출해내는 하브루타야말로 토론의 장점을 고스란히 모아둔 결정체이기 때문이다.

그렇다면 유대인들을 각 분야의 리더로 만들고 성공시킨 하브루타와 토론 교육이 지금 우리 아이들에게 꼭 필요한 이유는 무엇일까?

"

01
설득을 잘하는 아이로 자란다

일상생활의 많은 부분이 '설득'의 과정이다. 대입이나 입사 면접 때 왜 나를 뽑아야 하는지 면접관을 잘 설득해야 원하는 대학이나 회사에 들어갈 수 있고, 벤처회사는 투자자들을 잘 설득해야 투자를 받을 수 있다. 대통령이나 국회의원 후보도 유권자들을 잘 설득해야 표를 받는다.

누군가를 설득하려면 상대방의 생각과 마음을 움직여야 한다. 아이들이 부모님께 핸드폰을 사달라고 할 때도 부모님의 마음과 생각을 어떻게 움직이느냐에 따라 결과가 달라진다. "엄마, 핸드폰 좀 사주세요. 다른 애들은 다 있는데 저만 없잖아요. 저도 갖고 싶다고요."라고 떼를 쓰는 아이가 있고, "엄마, 요즘 학교에서 조별 발표를 하는데 자료를 찾을 일이 많아요. 도서관에서 찾자니 너무 번거롭고 시간이 많이 들고요. 친구들과 연락을 해야 할 때도 저만 핸드폰이 없어서 연락을 못 받을 때가 많아요. 엄마 걱정하시지 않게 쓸 테니 핸드폰 좀 사주시면 안 될까요?"라고 말하는 아이가 있다고 하자. 부모님이라면 과연 어떤 아이에게 핸드폰을 사줄까?

미국의 노예해방론자 프레더릭 더글러스(Frederick Douglass)는 "다른 사람을 설득하면 온 우주도 돌릴 수 있다."라고 말했다. 상대방의 마음과 생각을 얻어 설득을 잘하는 것이 경쟁이 치열한 사회에서 자신이 원하는 것을 얻고 살아남을 수 있는 힘이 된다.

설득의 핵심은 근거와 예시

설득을 잘하기 위해서는 자신이 왜 그렇게 주장하는지, 근거와 예시를 충분히 들어야 한다. 내 의견을 우격다짐으로 강요해서도 안 되고, 큰 목소리로 윽박질러서도 안 된다. 나이가 많거나 지위가 높다는 것을 내세워 상대방을 굴복시키는 것은 더더욱 금물이다.

TV 홈쇼핑에 나오는 쇼호스트들을 보면 어쩜 저리 설득을 잘하는지 감탄할 때가 많다. "유명 백화점에 입점해 있는 브랜드로, 고급 원단으로 만들었고, 디자이너는 해외 유명 패션쇼에서 인정을 받은 사람이며, 이 옷을 입으면 키도 커 보이고 날씬해 보인다."라며 그 물건을 사는 게 왜 좋은지 조목조목 '썰(說)'을 풀어놓는다. 동시에 화면에서는 제품을 구매한 사람들이 남긴 칭찬일색의 후기를 주르륵 보여주다가 마지막 쐐기를 박는다. "자동응답 전화로 연결하고 일시불로 계산하면 10% 더 할인해준다." 지금 당장 전화를 해야 하는 근거를 충분히 제시하는 것이다.

떡볶이를 먹고 싶은 친구에게 자장면을 먹자고 설득할 때도 자장면을 먹으면 무엇이 좋은지 '근거'를 대야 한다. "이 중국집이 TV에 나온 맛집이다.", "고기와 채소가 듬뿍 들어 있어 떡볶이에 비해 영양가가 높다.", "가격 대비 만족도가 크다." 등 친구가 수긍할 만한 구체적인 이유를 든다면 열의 아홉은 설득될 것이다.

이렇게 설득하는 힘을 키우는 가장 좋은 방법이 바로 '토론'이다. 토론이야말로 서로 다른 의견을 가진 사람들이 모여서 자신의 주장을 펼치되, '왜 그렇게 생각하는지' 합리적이고 논리적인 '근거'와 '예시'를 드는 게 핵심이기 때문이다.

상대방의 주목을 끄는 말하기

디베이트 수업을 하다 보면 아이들 중에 누가 인기가 많은지 대번에 알 수 있다. 공부를 잘해서나 외모가 뛰어나서라기보다 '말을 잘해서' 인기가 많을 때가 대부분이다. 더 정확히 말하면 말을 '재미있게' 해서이다.

이런 친구들은 말을 시작할 때 친구들의 시선을 끌 줄 안다. 먼저 재밌는 이야기를 탁 던져서 아이들의 시선을 집중시킨다. "얘들아, 지난번에 우리 반의 아무개가 누구한테 고백했는지 알아?", "오늘 우리 반 아무개가 선생님께 엄청 혼난 거 알아?" 귀가 쫑긋해진 아이들에게 에피소드를 신나게 늘어놓는다. 고백할 때 아무개 표정이 어땠고, 고백을 들은 친구가 뭐라고 말했는지 생생하게 이야기한다. 친구들이 어디서 웃음보가 터질지 예측해 기다려줄 줄도 안다. 마무리는 또 얼마나 야무진지. "그 친구들 이제 사귄 지 ○○이야. 이번 주말에도 둘이 만날 거래.", "혼나지 않으려면 준비물 절대 빼먹으면 안 돼!"

물론 인기 있는 아이들이 타고난 성격 덕분에 이야기를 재밌게 할 수도 있다. 하지만 자세히 살펴보면 말을 잘하는 '순서'를 알아서일 때가 많다. 앞서 소개한 대로 가장 핵심이 되고 중요한 얘기를 맨 앞에 놓는다. 두괄식 말하기를 하는 셈이다. 먼저 친구들의 시선을 끈 후에 구체적인 에피소드나 이유를 들어서 자신이 전달하고자 하는 바를 효과적으로 전달하고, 의미 있는 결론을 제시한다.

그에 반해 집중이 안 되는 말하기 중 하나는 밑도 끝도 없이 주저리 주저리 이야기를 늘어놓는 것이다. '무슨 이야기를 왜 하는지' 밝히지 않은 채 자기가 하고 싶은 말만 두서없이 떠들게 되면 상대방은 금세 지루해지고 마음도 닫아버린다.

만약 아이가 부모님께 주기적으로 용돈을 달라며 "엄마, 아빠, 5천 원만 주세요. 내 친구 중에 용돈 안 받는 친구는 하나도 없어요. 저도 용돈 주세요!"라고 요구한다면 "용돈을 받아야만 하는 구체적인 이유를 보다 설득력 있게 제시해."라고 답하자. "엄마, 아빠, 저도 이제 일주일에 한 번씩 용돈을 주셨으면 좋겠어요. 철강왕 록펠러도 자녀들에게 용돈 교육을 통해 부자 되는 방법을 가르쳤대요. 용돈을 아껴 쓰다 보면 절약하는 습관, 모으는 습관도 기를 수 있고요. 무엇보다 혼자 용돈을 계획해서 쓰는 게 재밌을 것 같아요!"라고 말하면 당연히 부모의 지갑이 열릴 것이다.

설득의 기본이 되는 경청

토론은 두 사람 이상의 사람이 서로 다른 의견을 주고받는 소통의 과정이다. 내 주장만 하고 끝내는 일방적인 말하기가 아니라 탁구공이 오가듯 내 의견과 상대방의 의견이 빠르게 오고 가는 긴장감 있는 말하기인 것이다. 그렇기 때문에 내가 말하는 순서를 기다릴 수 있어야 하고, 상대의 말을 중간에 뚝뚝 끊어서도 안 된다.

고대 로마 철학자 에픽테토스(Epictetos)는 "우리는 두 개의 귀와 한 개의 입을 가졌다. 이는 두 배로 열심히 들으라는 의미다."라고 했다. '경청', 말 그대로 '귀를 기울여 듣는 것'이 전제되었을 때 토론은 가능해진다. 잘 들어야 상대방의 뜻을 파악할 수 있고, 논리적인 허점이나 문제점을 집어내어 반박할 수 있다.

수업을 하다 보면 방금 한 얘기를 다시 묻는 친구들이 있다. 방금까지 열심히 설명했는데, 조금 있다 바로 설명했던 내용을 물어오면 솔직히 맥이 빠진다. 예를 들어, 글쓰기 수업을 할 때 '문단 나누기'를 설명했는데 바로 돌아서서 "선생님, 문단은 언제 바꿔 써요?"라고 묻는 식이다.

단 한 번 만에 찰떡같이 알아듣고 바로 행동에 옮기는 아이도 있다. 보통 그런 아이는 '잘 듣는' 아이이다. 집중을 잘해서 선생님이 움직일 때마다 눈동자가 같이 움직인다. 재밌는 이야기를 들려줄 때는 얼마나 집중을 했는지 입도 살짝 벌어진다. 선생님 입장에선 정말 신바람나는 순간이다. 그렇게 집중력이 좋은 아이는 학교 성적도 좋을 수밖에 없다. 학교 선생님 말씀을 귀담아들으니 선생님이 어느 부분을 강조했는지도 잘 기억한다. 시험 성적이 좋은 것은 당연지사다.

토론은 이러한 경청의 자세를 배우는 좋은 방법이다. 듣지 않으면 말을 할 수 없다. 안 들으면 자기 순서에 꿀 먹은 벙어리가 된다. 친구들 앞에서 몇 번 꿀 먹은 벙어리가 되고 나면 다음엔 누가 시키지 않아도 악착같이 들으려 하고 상대방의 이야기를 메모하기도 한다. 이게 훈련이 되면 상대방의 이야기 속에서 핵심 사항을 집어낼 수 있다. 토론은 이렇게 아이들을 들을 수밖에 없는 상황에 끊임없이 노출하는 과정이다.

데일 카네기(Dale Carnegie)는 "사업의 성공은 15%의 전문적인 기술, 85%의 인간관계와 처세술에 달렸다."라고 말했다. 또한 최고의 처세술 중 하나로 '경청'을 꼽았다. 잘 듣는 것만으로도 상대방의 마음을 얻을 수 있고, 잘 들어야 상대방의 성격이나 필요한 바를 빠르게 알아낼 수 있기 때문이다.

토론을 통해 잘 듣고, 자신의 의견을 근거와 예시를 들어서 상대방에게 기분 좋게 전달하는 방법을 배우는 것은 아이들이 치열한 세상에서 자기 뜻을 펼칠 수 있는 무기를 하나 갖는 셈이다. 그만큼 사회생활을 성공적으로 할 힘을 갖게 되는 것이다.

그러나 이러한 경청의 자세와 설득하는 능력은 하루아침에 생겨나지 않는다. 꾸준한 경험과 훈련이 쌓여야 습관처럼 익혀진다. 아이들이 꾸준히 '토론'을 해야 하는 또 하나의 이유다.

02

자기주도학습 능력을 키운다

—

—

—

—

공부든 운동이든 아이가 스스로 열심히 하기 위해서는 '목표'가 있거나 '재미'가 있어야 한다. 핸드폰이 없던 중학생 녀석 하나가 오매불망 자기 핸드폰이 생기길 바라다가 "이번 시험에서 전교 10등 안에 들면 핸드폰 사줄게."라는 부모님의 말 한마디에 열심히 공부해서 진짜 전교 10등 안에 들었다는 얘길 들었다. 친한 학부모 중 하나는 '가장 많이 체중을 감량한 사람에게 상금 100만 원을 준다.'는 이벤트에 참여한 뒤 식이 조절과 운동을 병행해 끝내 100만 원을 타기도 했다. 이렇게 스스로 세운 '목표'가 있다면 그것을 지키기 위해 노력할 가능성이 크다.

'재미'는 목표 이상으로 아이들을 스스로 움직이게 하는 큰 동력이다. 학원 숙제를 할 때는 하품만 찍찍하던 친구가 게임을 할 때만큼은 또랑또랑한 눈빛으로 변한다. 학교 수학 시간엔 몸을 이리저리 꼬던 친구도 체육 시간만 되면 펄펄 날아다닌다. 왜 그럴까? 그야 학원 숙제보다는 게임이, 수학보다는 체육 수업이 훨씬 더 '재밌기' 때문이다. 그런데 대부분의 아이가 디베이트를 재미있어한다. 그 과정이 게임처럼 흥미진진하기 때문이다.

보통 디베이트는 승패가 나뉜다. 그래서 승리욕이 있는 아이들은 '상대방을 설득시켜서 이겨 보겠다.'는 목표를 가지게 된다. 누가 시키지 않아도 자료 조사를 하고, 입안을 정리한다. 승리욕이 적은 아이들도 마찬가지이다. 디베이트에 들어가면 고도의 집중력을 발휘해 상대 팀을 열심히 공격하고 방어하며 토론해나간다. '목표'와 '재미', 이 두 마리 토끼를 잡는 디베이트를 꾸준히 하다 보면 자기주도학습 능력은 저절로 습득된다. 그동안 논술 디베이트 수업을 해오면서 '디베이트'야말로 목표와 재미를 동시에 추구하는 '자기주도학습'임을 확신하게 된 이유다.

공부의 기본 능력을 다지는 '자료 조사'

디베이트를 잘하기 위해서는 주어진 주제에 대한 '자료 조사'가 필수적이다. '내 주장을 뒷받침할 자료를 얼마나 잘 찾아냈는가?'가 디베이트의 성패를 좌우하기 때문이다. 예를 들어 '우리나라에 비만세를 도입해야 한다.'라는 주제가 주어졌다면 '비만세'가 무엇인지, '비만인 사람들이 내는 세금'인지, 아니면 '비만을 유발하는 식품에 매기는 세금'인지를 정확히 알아야 한다. 그다음으론 '비만세를 도입한 나라는 어디고, 왜 도입했는지, 어떤 효과가 있었는지, 부작용은 없었는지', 관련 자료를 열심히 찾아 읽어야 한다. 그러다 보면 비만세의 장, 단점을 알게 되고, 찬성과 반대의 근거와 예시를 정리할 수 있다.

이러한 자료 조사 능력은 무슨 일을 하든 필요하다. 대학교 4학년 때 방송작가가 되겠다는 꿈을 품고 방송국에 첫발을 내디뎠을 때 내가 가장 먼저 한 일도 '자료 조사'였다. 메인 작가와 서브 작가들이 필요로 하는 자료를 발 빠르게 찾아서 정리해 주는 일을 했었는데 당시는 지금처럼 인터넷 검색이 활발하지 않았던 때라 MBC 자료실에 가서 신문 자료를 찾아 복사하고, 천리안이나 하이텔과 같은 PC 통신을 이용해 자료를 갈무리했다. 굉장히 단순한 작업이었지만 그 과정에서 중요한 것을 배웠다. 자료를 정확히, 잘 찾을수록 방송의 내용과 질이 달라진다는 사실 말이다.

유명 인사를 스튜디오에 초대해 인터뷰하는 프로그램을 한다고 하자. 그 사람에 대해서 속속들이 알아야 MC가 던지는 인터뷰 질문이 더 다양해지고 예리해진다. 자료 조사가 충실해야만 다른 방송에선 볼 수 없는 깊이 있는 대화를 끌어낼 수 있는 것이다. 이렇게 자료 조사 능력은 모든 일의 기초가 된다.

요즘 아이들은 토론을 위한 자료를 주로 유튜브로 검색하여 찾는다. 좀 앞서가는 아이들은 챗GPT로 검색해 오기도 한다. 하지만 될 수 있으면 네이버나 다음, 구글 등의 포털사이트에서 관련 용어와 자료를 찾는 것을 권한다. 영상으로 수집한 자료는 문해력을 키우는 데 도움이 되지 않고 챗GPT는 출처가 명확하지 않은 거짓 정보도 많이 검색되기 때문이다. 신문자료나 공신력 있는 관련 기관의 홈페이지를 들어가 보거나 직접 책을 찾아 읽는 등 다소 시간이 걸리더라도 신뢰 있는 자료를 찾는 습관을 들이도록 지도하는 것이 좋다.

여타 모든 공부와 마찬가지로 자료 조사 역시 하면 할수록 실력이 는다. 원하는 정보를 어디에 가야 찾을 수 있고, 어떤 정보가 정확한지, 최신의 것인지를 알아보는 눈이 생긴다. 또한 많은 자료 중에 꼭 필요한 자료만을 선별해 정리하는 능력까지 길러진다. 이러한 훈련을 꾸준히 하다 보면 자기주도학습 능력은 따라온다. 모르거나 궁금한 게 생겼을 때 스스로 해결할 수 있기 때문이다.

토론으로 길러지는 '자기주도학습' 능력

디베이트 수업 현장에서 마주치는 부모님들께 자주 듣는 이야기가 있다. "선생님, 우리 아이가 영어, 수학 학원 숙제는 죽어도 스스로 안 하는데 디베이트 수업 준비는 시키지 않아도 해요.", "다른 공부에 방해가 될 정도로 디베이트 준비만 해요."라는 말이다. 디베이트에 재미를 붙인 아이들에게 흔히 나타나는 현상이다.

디베이트는 승패가 나뉘는 '논리 게임'이다. 누가 더 논리적으로 주장하고, 상대방의 오류를 찾아 적절히 반박하는지가 중요하다. 그러다 보니 수업을 앞두고 스스로 컴퓨터를 켜거나 책을 펼쳐보면서 준비를 하는 것이다. 밥상에서 부모님께 "엄마는 우리나라의 사형제도에 대해서 어떻게 생각해요?"라든가 "아빠는 우리나라에 원자력발전소를 더 짓지 않는 게 옳다고 생각해요?"와 같은 질문도 던진다. 디베이트를 하기 전에 머릿속으로 어떤 이야기를 하면 좋을지 고민하고 준비하고 있다는 증거이다.

지금은 고등학생이 된 가영이와 다은이는 초등학교 4학년부터 6학년까지 디베이트 수업을 함께한 친구들이다. 디베이트를 얼마나 재밌어하는지 누가 시키지도 않았는데 늘 자료 조사가 완벽했다. 대부분의 아이들이 4분의 입안 시간을 채우지 못하는데 이 아이들은 입안서를 4분에 딱 맞춰 써오기도 했다. 그러다 보니 하루가 다르게 실력이 늘었고, 어떨 때는 선생님인 나와 디베이트를 벌여도 밀리지 않았다. 너무나 기특해서 "가영아, 다은아, 너희들 실력이 진짜 대단한 걸? 하산을 시켜도 될 정도야!"라고 말했더니, "쌤, 저희 둘이 따로 만나서 연습하고 있어요!"라고 대답하는 게 아닌가? 학과 공부할 시간도 빠듯한 두 녀석이 시간표에 '디베이트 준비하기'를 넣어서 연습해온 것이다. 절친이었던 두 녀석은 일주일에 한 번씩 시간 약속을 해서 만났고, 그 시간을 자료 조사와 입안 작성에 할애했다.

이렇게 자기주도학습을 하는데 학교 성적이 안 나올 리가 없었다. 다른 친구들의 이야기를 들어보니 아니나 다를까, 둘 다 우수한 성적을 받는 모범생들이었다. 누가 시키지 않아도 컴퓨터 앞에 앉아 자료를 찾아 읽고, 그중에서 내가 원하는 자료를 뽑아내 정리하다 보면 읽기 능력과 핵심 파악 능력은 저절로 키워진다. 더불어 학업성취와 직결되는 자기주도학습 능력 역시 일취월장한다.

함께 하면 더욱 효과적인 토론과 논술

예전 직업이 방송작가이다 보니 주변에 아이를 둔 학부모들이 가장 많이 묻는 질문 중 하나가 "우리 아이, 어떻게 하면 글을 잘 쓰게 될까요?"이다. 아이들 대부분이 글쓰기를 어려워한다. 일기 쓰는 것도 버거워하는 아이들에게 주제를 주고, 주장하는 글을 쓰라고 하면 얼굴이 하얗게 질려서 "글쓰기 싫어요!"를 외치는 게 당연하다.

이럴 때 역시 토론이 답이다. 아이들은 글쓰기보다는 말하기를 더 좋아하기 때문이다. 토론으로 생각을 틔우면 글쓰기에 대한 부담이 확연히 줄어든다. 토론하기 전, 자료를 찾아보면서 기초 지식을 쌓았고, 찬반 토론을 진행하면서 생각을 발전시켜 봤으니 그 과정에서 떠오른 아이디어들을 형식에 맞게 정리만 하면 된다. 게다가 퍼블릭 포럼 디베이트의 '입안 - 교차 질의 - 반박 - 요약'의 순서는 논리적인 글쓰기의 흐름과 맥락이 닿아 있다.

물론 글에 있어서 형식보다는 내용이 우선이다. 내용이 참신하고 깊이가 있으면 형식이 조금 어긋나더라도 좋은 글이 된다. 하지만 처음 논술을 하는 아이들에겐 우선 형식을 가르쳐주는 게 효과적이다. 형식을 머릿속에 떠올리면 그것에 맞게 글의 뼈대를 세우고 글을 쓸 수 있기 때문이다.

논술의 형식은 보통 '서론, 본론, 결론'으로 나뉜다. 서론에서는 내가 왜 이 글을 쓰는지에 대한 이유와 내 견해를 밝힌다. 본론에서는 나의 주장과 그 주장에 대한 근거를 3~4가지 소개한다. 결론에서는 내 주장을 다시 한번 요약하고 강조하거나, 내 주장대로 됐을 때 무엇을 기대할 수 있는지, 또는 어떤 대안이 있는지 제시하며 마무리한다.

5장 '디베이트의 힘을 배가시키는 논술'에서 다시 자세히 소개하겠지만, 이렇게 글의 큰 뼈대를 세우고 글을 쓰게 하면 아기가 걸음마를 배우듯 서툴러도 한 발씩 걸음을 내딛으며 글을 써 내려간다.

2025학년도 대입에서 논술을 시행하는 대학이 늘어나면서 논술의 중요성이 다시 주목받고 있다. 최근 교육 당국에서도 서술형, 논술형 수

능에 대해 그 필요성을 꾸준히 강조하고 있다. 객관식으로 파악하기 어려운 학생들의 역량을 평가하는 데 글만큼 좋은 게 없기 때문이다. 미국의 하버드대학, MIT, 스탠퍼드대학, 미시간 주립대학, 위스콘신 의과대학 등 최고의 인재들이 들어가는 대학에서 필수 교양으로 1년간 글쓰기를 가르치는 이유 역시 자료를 조사하고 글을 쓰는 것이 엘리트가 가져야 할 핵심 역량이어서이다. 입시를 떠나 학교 현장에서도 논술 교육이 좀 더 확대되었으면 한다. 논술은 아이들의 비판력, 논리력, 창의력 등 생각하는 힘을 기르는 좋은 교육 방법이기 때문이다.

공부를 잘하는 상위 1%의 아이들과 평범한 아이와의 가장 큰 차이점은 '자기주도학습 능력'이라는 이야기가 있다. 스스로 목표를 정해 노력하는 아이와 제삼자에 의해 공부를 하는 아이는 그 과정도 결과도 다를 수밖에 없다. 사실, 자기주도학습 능력은 비단 공부에서만 중요한 능력이 아니다. 인생의 주체가 될 것인가, 객체가 될 것인가는 바로 '자기주도적으로 인생을 계획하고 꾸려가는 능력' 여부에 달렸다.

어렸을 때부터 토론 교육을 통해 스스로 공부하고 말과 글로 표현하는 힘을 키워주는 것은 인생을 스스로 책임지는 능력을 키워주는 것과 같다.

0 3

토론으로 인성이 자란다

디베이트 수업을 하다 보면 아이들의 성격도 어렵지 않게 파악할 수 있다. 소심한 아이, 급한 아이, 너그러운 아이, 자기주장이 센 아이…. 생긴 것이 모두 다르듯 성격도 제각각이다. 특히 처음 디베이트를 시작할 때는 각자의 성격이 고스란히 드러난다. 소심한 친구는 자신의 차례가 다가오면 긴장하여 목소리가 떨리고, 쭈뼛쭈뼛 조심스럽다. 자기주장이 센 친구는 목소리를 높여 우기면서 다른 친구들 이야기를 들으려 하지 않는다. 화를 참지 못하는 친구는 자기 뜻대로 되지 않을 때 소리를 지르거나 주먹으로 탁자를 내려치기도 한다.

하지만 디베이트 수업을 꾸준히 해나가다 보면 모난 부분이 깎이고, 없던 자신감이 조금씩 차오르는 것이 보인다. 상대방의 이야기에 귀를 기울이고, 말하고 싶어도 자신의 순서가 아닐 때는 기다릴 줄 알며, 같은 팀끼리 머리를 맞대고 힘을 모으게 된다. 자신감이 없어 친구의 등 뒤에 숨던 친구가 어느 날 자신의 주장을 멋지게 펼치게 되기도 한다. 일주일에 한 번씩 디베이트 수업을 하다 보면 가랑비에 옷 젖듯 아이들은 좋은 태도를 배우고 성장해 나간다.

올바른 시민의식을 배운다

형식을 가진 토론 중 '퍼블릭 포럼 디베이트'의 경우, 팀을 이뤄서 진행하고, 반드시 정해진 시간과 순서를 따라야 한다. 아무리 많은 입안 자료를 준비해 왔다고 해도 찬성 팀, 반대 팀 모두 입안과 반박이 4분을 넘으면 안 된다. 무엇보다 상대 팀 토론자들과 청중들 모두에게 예의를 지켜야 한다. 교차 질의를 할 때 상대편의 말을 자르고 들어가 발언을 한다거나, 예의 없게 굴면 심사에서 감점을 당한다. 이러한 과정을 통해 아이들은 민주주의 시민으로서 갖춰야 할 교양을 배워 나간다.

아직도 종종 TV에서 국회의원들이 법안 처리를 놓고 고성을 지르고 몸싸움을 벌이는 행태가 보인다. 수년 전엔 '한국 민주주의의 현주소', '한국 스타일의 정치' 등의 제목으로 해외 뉴스에 보도되기도 했다. 고

함과 점거, 농성으로 난장판이 된 국회를 보며 국회의원들이 토론 문화를 제대로 익혔다면 저런 지경이 되진 않았을 텐데 싶어 안타깝기까지 했다.

디베이트를 하다 보면 정해진 규칙을 잘 지키고, 내게 주어진 일에 끝까지 책임을 다하며, 나와 다른 의견을 가진 사람들의 이야기도 잘 경청하고 예의 바르게 행동하게 된다. 이러한 태도야말로 모든 사람이 자유롭고 평등한 인간임을 인정하는 민주주의의 기본을 지키는 일이다. 따라서 우리 아이들에게 토론 문화를 배우게 하는 것은 민주주의 시민으로서의 소양을 갖추게 하는 일이다.

팀워크를 익힌다

토론 대회에 나갈 때는 자신과 호흡이 잘 맞는 파트너를 정해서 나가는 게 좋지만 평소 수업을 할 때는 우연히 결정된 팀에 속해서 디베이트 하도록 한다. 그래야 다양한 성향의 친구들과 이견을 조율하는 방법을 배울 수 있기 때문이다.

평소 사이가 안 좋던 아이들이라도 디베이트에서 같은 팀이 되면 관계가 끈끈해진다. 각자 조사해 온 자료를 펼쳐 놓고 뭐가 더 좋은지 의논을 하며 합의점을 끌어내고, 디베이트를 할 때 같은 팀 친구가 상대팀에 밀린다고 느끼면 메모를 써서 전달하는 등 어떻게 해서든 도와주려고 애쓴다. 퍼블릭 포럼 디베이트는 이렇게 나 혼자가 아닌 '팀'이라는 이름으로 이뤄지기 때문에 자연스럽게 팀워크를 익히게 된다.

가르치는 아이 중에 정말 똑똑하고 말발이 센 영진이라는 남자아이가 있다. 어렸을 때부터 책을 많이 읽어서 아는 것도 많고, 한 번 읽은 책 내용은 신기할 만큼 줄줄이 기억하는 비상한 아이다. 승리욕도 대단해서 디베이트를 하기 전에 자료 조사도 엄청 열심히 해 온다. 문제는 영진이가 자꾸 다른 친구들과 크고 작은 갈등을 빚는 것이었다. 같은 팀 친구에게는 "왜 이렇게 못하냐? 너 때문에 우리 팀이 지겠다."며 면박을 주고, 상대편 팀에게는 논리적 허점을 집어내 무시하는 말투로 쏘아붙였다. 그러다 보니 친구들이 영진이를 불편해할 때가 많았다.

그래서 영진이를 고려하여 특별한 조처를 했다. 보통은 논리성, 말하기, 경청 자세, 팀워크, 자료 조사 등으로 세분된 심사표로 승패를 나누는데, 영진이가 속해 있는 팀 수업에서는 '팀워크'와 '태도' 점수를 강조한 것이다. 승리욕이 강한 영진이는 심사표를 보더니만 좀 더 부드러운 태도로 친구들을 대하기 시작했다. 재밌는 반전은 또 있었다. 시간이 흐를수록 다른 친구들의 디베이트 실력이 부쩍부쩍 늘기 시작한 것이다. 영진이가 무시하던 친구가 어느 날 영진이의 논리적 허점을 집어내고, 더 나은 대안을 제시하니 영진이도 놀라워하며 디베이트에 더욱 재미를 붙였다.

영진이는 자존심이 강한 아이였기에 아이의 언행을 제재했더라면 마음이 다칠 게 뻔했다. 그래서 빠른 해결 대신 디베이트의 힘을 믿고 평가 기준을 조정하는 쪽을 택했다. 그렇게 인내심을 가지고 기다렸더니 영진이는 스스로 변하는 모습을 보여줬다. 게다가 그 과정에서 영진이뿐 아니라 함께 디베이트 수업을 하는 친구들 모두 좋은 태도를 익힐 수 있었다. 선생님으로서 남다른 보람을 느낀 경험이었다.

이렇듯 토론은 더불어 잘 사는 방법을 익히는 과정이다. 친구들과 머리를 맞대어 합의점을 도출해내는 법을 배우고, 나만 옳다고 큰소리로 외치는 게 아니라 친구들의 이야기를 잘 들으려 하고, 나보다 더 좋은 의견을 가진 친구들의 이야기에서 배울 점을 찾는, 인생 공부의 압축판과 마찬가지다.

스트레스를 해소해준다

우리 아이는 말이 없고, 마음을 쉽사리 열어놓지 않는다고? 천만의 말씀이다. 아이들은 모두 자신의 이야기를 하고 싶어 한다. 잘 들어주는 상대를 만나면 봇물 터지듯 자신의 이야기를 쏟아 놓는다. 다만 그 말을 들어줄 대상을 찾지 못했을 뿐이다.

큰아이는 제일 무서운 나이라는 중중학생 때도 엄마 앞에선 못 말리는 수다쟁이였다. 학교에서 컴퓨터를 옮기겠다고 손을 들었는데 선생님이 시켜주지 않아서 민망했던 일, 화장을 진하게 하고 다녀 무서워 보이던 친구가 알고 보니 재밌고 착하다는 이야기, 학교 체육 시간에 티볼을 하면서 처음으로 점수를 낸 이야기 등 학교에서는 나름 의젓하고 말없는 모범생으로 통하는데 집에서는 천상 수다쟁이였고, 그 버릇은 지금껏 이어지고 있다. 오랜 시간 관찰해보니 큰아이에겐 수다가 스트레스를 푸는 방법이었다.

가르치는 아이들 중에 예정된 수업 시간보다 늘 먼저 도착하는 아이들이 있다. 처음에는 시간이 떠서 일찍 오나 싶어 "책 읽으며 기다릴래?" 하며 책을 골라주었다. 그런데 요 녀석들이 하나같이 책을 읽기는커녕 나에게 말을 걸어오는 게 아닌가. "선생님, 저 오늘 배가 아팠어요.", "선생님, 새로 된 짝꿍이 진짜 최악이에요." 맞장구를 치며 잘 들어주니 신이 나서 꼬리에 꼬리를 물고 이야기보따리가 늘어진다. 그리고 다음 시간에 또 일찍 와서 그 뒷이야기를 들려준다.

토론은 말하고 싶은 욕구를 풀어주는 통로다. 토론이야말로 말을 하고 듣는 과정이기 때문이다. 교차 질의 시간이면 상대방의 공격을 수비하는 동시에 나도 상대방을 공격해야 하므로 다들 얼굴이 벌겋게 달아오르고 눈에서는 레이저가 발사된다. 그러나 그 모습이 거북하지 않다. 물론 쌈닭처럼 소리를 지르거나 악다구니를 쓰면 제지하지만 아이들의 몰입을 방해하지 않고 듣는다.

수업이 끝나고 나서 "속이 시원해요!", "스트레스가 확 풀려요!"라는 반응이 나오는 것은 말하고 싶은 욕구가 마음껏 발산됐다는 신호다. 그와 더불어 아이들 대부분이 "배고파요!"를 외친다. 디베이트를 하는 내내 신경을 집중하며 에너지를 모두 써버린 탓이다. 디베이트를 마치고 돌아가는 아이들의 발걸음은 늘 가볍다. 신나게 토론하면서 속이 후련해질 만큼 스트레스를 날려버렸기 때문이다.

'토론'을 '종합 예술'이라고 평가하기도 한다. 자기주도학습 능력을 바탕으로 말하기, 듣기, 글쓰기 능력을 모두 발현시키는 방법이기 때문이다. 무엇보다 타인과 더불어 소통하고 배려할 수 있는 인성을 갖추게 하므로 아이들의 교육 방법으로 그만한 게 없다. 그런데, 종합 예술과 같은 토론이 제대로 힘을 발휘하려면 반드시 함께 가야 할 파트너가 있다. 바로 '독서'다. 토론의 밑거름이 되는 독서의 즐거움을 일찍 깨닫게 하려면 어떤 방법이 효과적인지, 다음 장에서 구체적으로 살펴보자.

Part 3

-

토론의 밑거름, 독서

"

아이의 생각하는 힘을 키우는 데 있어 토론 이전에 선행되어야 하는 게 독서다. 유대인은 뱃속에서부터 아이에게 "토라"를 읽어주고, 알파벳을 배울 때는 글자에 꿀을 발라 독서의 달콤함을 배우게 한다. 모두가 평생 해야 할 독서의 즐거움을 일찍부터 깨닫게 하기 위해서이다.

어렸을 때의 독서 습관은 평생을 좌우한다. 2015년에 문화체육관광부에서 조사한 독서 실태 조사 결과에 따르면 성인의 23.2%가 독서하기 어려운 이유로 '습관'을 꼽았다. 책을 읽어야 하는 것은 알고 있지만 습관이 안 돼서 책을 읽지 않는다는 것이다. 그러니 평소 책을 가까이하는 아이로 키우려면 어렸을 때 독서 습관을 잡아줘야 한다. 실제로 수업에서 만난 아이들 중에 유독 책을 좋아하고, 글쓰기를 두려워하지 않는 아이들은 보통 어렸을 때부터 부모님이 책을 많이 읽어주어 일찌감치 독서의 재미를 알아차린 아이들이다.

인지신경과학과 아동발달을 연구한 메리언 울프는 "책 읽는 뇌"(살림)에서 독서가 선천적인 능력이 아니라고 밝힌다. 독서는 부모로부터 유전자를 통해 물려받은 타고난 능력이 아니며, 인간의 뇌가 경험에 따라 형태를 바꿀 수 있는 '가소성'이 있기 때문에 '학습'이 된 결과라는 것이다.

그렇다. 독서는 학습에 의해서 배울 수 있는 능력이다. 공부 습관 전에 잡아줘야 할 단 한 가지가 있다면 그것이 바로 독서 습관이다.

"

01

우리 아이, 독서광으로 키우기

아이마다 처음으로 '책이 재미있구나!'를 느끼는 시점이 다르다. 어떤 아이는 엄마 뱃속에서 느꼈을 것이고, 어떤 아이는 서너 살 때, 어떤 아이는 초등학생 때일 수도 있다. 안타깝게도 책 읽는 재미를 못 느껴본 아이도 많다. 하지만 우리 아이를 독서광으로 키우려면 이 재미를 될 수 있으면 일찍 느끼게 하는 게 중요하다.

게임, 영상, 웹툰 등 아이들을 유혹하는 매체가 곳곳에 깔린 게 현실이다. 최근엔 릴스, 쇼츠, 틱톡 등과 같은 숏폼 영상에 빠진 아이들이 많다. 한 정신과 의사는 이러한 숏폼이 더 자극적인 도파민을 요구하는 중독 상태가 되게 하는 '디지털 마약'이라고 했다. 이런 영상에 빠질수록 책과는 멀어진다는 뜻이다. 그렇기에 될 수 있는 대로 자극적인 매체에 노출되는 시기를 늦추고 단 한 번이라도 책의 즐거움에 푹 빠져보는 경험을 가지게 해야 한다.

아이로 하여금 책 읽는 재미를 일찍 깨닫게 하는 가장 좋은 방법은 '부모님이 직접 읽어주는 것'이다. 아이를 무릎에 앉히고 읽어주는 것 외에도 부모님이 읽은 책 내용을 아이들의 눈높이에 맞춰 들려주는 것도 한 방법이다. 독서에 있어서는 틈 날 때마다 책을 읽어줄 수 있는 시간과 환경을 갖춘 부모님이 최고의 선생님이자 조력자이다. 설령 아이가 책을 스스로 읽게 되더라도 부모님이 책 읽어주는 걸 멈춰선 안 된다. 아이들의 듣고 이해하는 능력이 읽고 이해하는 능력보다 앞서서 발달하기 때문이다.

독서는 조기교육이 중요하다

'어휘(語彙)'란 사전적 의미로 '어떤 특정한 범위 내에서 사용되는 낱말의 총집합'을 뜻한다. 어휘력이야말로 사고의 핵심 요소다. 우리가 생각할 때를 떠올려 보자. '오늘 점심은 무엇을 먹을까?', '이번 주말에는 무엇을 할까?' 이런 생각들은 모두 어휘를 통해 표현된다. 어휘를 쓰지 않고 생각하는 것은 불가능하다. 그렇기 때문에 '어휘를 얼마나 아느냐'는 '생각을 어느 정도 확장할 수 있는가'를 결정한다.

1990년대 중반, 캔자스대학 토드 리슬리(Todd Risley)와 베티 하트(Betty Hart) 박사가 이끈 연구 결과는 시사하는 바가 크다. 2년 반 동안 캘리포니아 지역의 전문직업인 가정, 일반 근로자 가정, 사회복지보조금 수혜 가정의 세 그룹으로 나누어 부모와 아이 간에 오간 대화의 내용을 모두 녹음하여 분석한 결과, 만 5세까지 언어적으로 빈곤한 가정에서 자란 아이와 풍부한 자극을 받고 자란 아이 사이에는 약 3만 2천 개의 어휘 격차가 벌어진다는 것을 밝혔다. 이것이 비단 어휘력의 차이로만 끝날까? 그 어휘를 갖고 뻗어 나갈 수 있는 생각의 가짓수를 따진다면 아마 셀 수 없을 만큼의 차이로 이어질 것이다. 특히 어휘의 차이가 이후 학습 능력을 얼마나 좌우할지는 누구나 예측 가능한 결과다.

그렇다면, 만 5세 무렵까지 아이는 무엇을 통해 어휘를 배울까? 가족과 나누는 대화, 영상, 책 정도로 요약될 것이다. 전문가들은 일상적인 대화에 사용되는 어휘를 대략 5천 단어, 아이와 나누는 대화에서 사용되는 어휘를 1천 단어 이내라고 말한다. 아이가 부모와 대화를 통해서 배우는 어휘의 수는 1천 단어를 벗어나기 어렵다는 뜻이다. TV를 비롯한 영상은 시각적인 자극이 훨씬 강하고, 다큐멘터리나 뉴스가 아닌 이상 일상적인 대화 수준을 넘어서는 단어를 쓰지 않기 때문에 낯설고 어려운 단어를 익히기엔 적합하지 않다. 결국 새로운 어휘를 배우는 방법으로 책만 한 게 없다는 결론에 이른다.

만 5세 전의 아이들은 스스로 책을 읽을 수 없기 때문에 어휘력의 차이는 부모님이 책을 얼마만큼 읽어주느냐에 달려있다. 그렇기 때문에 될 수 있으면 아이가 어릴 때부터 꾸준히 책을 읽어주어야 하는 것이다.

초등 저학년, 책의 즐거움에 빠지게 하라

아이들은 기본적으로 호기심이 많다. 책을 읽어주다 보면 아이들 질문 때문에 연이어 몇 장을 읽어 내려가기 어려울 정도다. 특히 자신이 경험해보지 못한 일이 책 속에서 그려지면 호기심이 폭발한다.

초등학교 저학년이 읽으면 좋은 "바나나가 뭐예유"(김기정, 시공주니어)는 바나나가 귀했던 시절, 충청도의 어느 한 시골 마을을 무대로 한다. 이 책을 읽어줄 때 아이들은 "진짜 바나나를 못 먹어본 사람들이 있었냐?", "옛날 학교에서는 왜 몸 검사란 걸 했냐?", "왜 충청도 분들은 말을 길게 하시냐?" 등 온갖 질문을 쏟아 낸다. 그런 재미난 질문들에 대답을 해주다 보면 아이들은 어느새 바나나가 귀했던 시절을 머릿속에 그리며 상상하게 되고, 그 시절에 대해 이해하게 된다.

여기에 부모님의 어린 시절 얘기를 덧붙여주면 재미는 배가 된다. 그래서 난 이 책으로 수업을 할 때면 나의 어린 시절 경험담을 꼭 들려준다. "다섯 살 때 동전을 삼켜서 병원에 실려 간 적이 있었어. 숨도 못 쉴 만큼 힘들었는데 의사 선생님이 목에서 동전을 빼내 주셨지. 울지 않고 잘 참았다고 집에 갈 때 엄마가 바나나를 사주셨어. 그때 바나나는 엄청 비싸서 생일처럼 특별한 날이 아니고서는 구경도 못 했었거든. 얼마나 맛있던지, 조금씩 아껴먹었던 기억이 아직도 생생해."

아이들은 내 이야기를 듣자마자 "에이, 고작 바나나 하난데요?", "나라면 현금으로 받았을 거예요.", "바나나 대신 스테이크를 사달라고 졸랐어야죠." 등 다양한 반응을 쏟아 낸다. 어느덧 수다가 꼬리를 물고 이어지고, 덕분에 아이들은 그 책을 더 재밌게 오래도록 기억한다.

양보다는 질, 부모와 교감 쌓는 책 읽기

책 읽어주기는 아이들의 정서에도 좋은 영향을 미친다. 우리 집 아이들이 어렸을 때 가장 많이 한 말은 "안아줘."와 "놀아줘."였다. 유독 걷기 싫어하는 아이들 때문에 초등학교에 입학할 때까지도 낡아빠진 유모차를 버리지 못했을 정도다. 다행히도 "놀아줘."에 가장 효과적인 처방이 책 읽어주기였다. 어떻게 매번 재밌고 새로운 곳에 데려갈 수 있겠는가? 상상을 자극할 수 있는 다양한 책을 쌓아놓고 읽어주는 것만큼 비용 대비 효과가 좋은 놀이 방법이 없었다.

주변에 어린아이를 둔 직장맘들이 아이들과 많이 놀아주지 못해 미안하다며 상담을 해올 때가 많다. 그때마다 "양보다 질, 즉 시간의 총량보다는 함께 있는 시간에 밀도 있게 사랑을 주는 게 중요하며, 그 방법으로 책 읽어주기만 한 게 없다."라고 조언한다. 퇴근 후 짬을 내어 하루 30분이라도 아이들에게 즐겁게 책을 읽어준다면 아이는 엄마와 떨어져 있었던 시간에 대한 보상을 받을 수 있다. 그러면서 하루 동안 있었던 일을 이야기하고 스킨십을 나눈다면 엄마와 아이 간의 유대관계가 끈끈해질 수 있다.

나 역시 아이들이 어렸을 때 주말 없이 일하고 야근을 밥 먹듯이 했던 직장맘이었지만, 두 아이 모두 정서적으로 안정되어 있고 어휘력도 풍부하다. 헐레벌떡 집에 돌아오자마자 책을 읽어준 효과를 톡톡히 봤다고 믿는다.

열네 살까지는 책을 읽어주자

그렇다면 책은 어떻게, 언제까지 읽어주는 게 바람직할까? "하루 15분, 책 읽어주기의 힘"(북라인)의 저자 짐 트렐리즈는 하루에 단 15분이라도 꾸준히, 될 수 있으면 정해진 시간에, 아이들 수준에 맞는 재밌는 책을 읽어주라고 말한다. 그것도 아이가 중학교 2학년이 되는 열네 살까지 지속하라고 말이다.

많은 부모님이 아이가 글을 떼고 스스로 읽기 시작하면 책 읽어주기를 멈춰도 된다고 여긴다. 학교에서도 스스로 책을 읽고 공부하는데 집에서 굳이 부모님이 소리 내어 책을 읽어줄 필요가 있는지 묻는 것이다.

하지만 아이들의 읽기 능력은 듣기 능력과 똑같은 속도로 성장하지 않는다. 들어서 이해하는 속도가 읽어서 이해하는 속도보다 빠르게 발달하는 것이다.

예를 들어, 아이가 스스로 읽어서 이해하는 수준이 초등학교 3, 4학년 수준이어도 들어서 이해하는 수준은 초등학교 5, 6학년 이상이 될 수도 있다. 짐 트렐리즈는 "듣기와 읽기 수준이 중학교 2학년 무렵에 같아진다."라고 말한다. 중학교 2학년 정도가 되어야 읽은 것을 제대로 이해할 수 있다는 뜻이다. 따라서 적어도 중학교 2학년인 열네 살까지는 부모님이 책을 읽어주는 게 아이의 이해력을 높이는 방법이 된다.

요즘은 대부분의 아이가 영어, 수학, 과학을 학원이나 사교육을 통해 선행학습한다. 그러다 보니 아이들은 어려운 공부를 따라잡느라 힘이 들고, 부모는 아이들의 교육비를 대느라 허리가 휜다. 이러한 선행학습보다 훨씬 더 효과적이고 비용도 많이 들지 않는 교육 방법이 바로 독서다. 아이들의 어휘력을 풍성하게 하고, 생각하는 힘을 키워주며, 부모와의 유대 관계도 돈독히 다져갈 수 있는 방법. 그 좋은 방법을 두고 다른 길을 택할 이유는 없다.

게다가 조기 독서 교육은 부작용도 없다. 오히려 일찌감치 책 읽는 습관을 갖게 해 준다. 책을 통해 지식과 지혜를 배우는 아이들로 자라게 하는 것은 부모가 자녀에게 물려줄 수 있는 최고의 재산이다.

02
초등 고학년과 중학생, 독서 시간을 확보하라

—

—

—

—

책을 좋아하던 아이들도 학년이 올라갈수록 책을 손에서 놓게 된다. 우선은 시간의 여유가 없다. 대부분의 아이가 방과 후에 학원을 가거나 과외를 받기 때문이다. 사교육을 안 받는 아이들도 학습지 한두 과목 정도는 한다. 그렇다 보니 학교 숙제와 학원 숙제에 치여서 여유 있게 책 한 권 읽기가 어렵다. 하물며 책을 곱씹고 생각하며 토론할 시간은 있겠는가.

2015년에 문화체육관광부에서 조사한 우리나라 초, 중, 고등학생들의 연평균 일반도서 독서량은 29.8권으로 2년 전보다 2.5권 감소했다.

응답 학생의 51.9%가 자신의 독서량이 부족하다고 느끼고 있었고, 그중 31.8%가 '공부 때문에 시간이 없어서'라고 답했다. 한창 책을 읽고 생각을 키워 갈 아이들이 공부에 치여 책을 못 읽는다는 것은 정상적이라 할 수 없다. 학원 스케줄 대신 책 읽을 시간을 확보해줘야 한다.

아이들 스케줄에 '독서 시간'을 넣자

수업을 하다 보면 읽어오기로 한 책을 매번 못 읽어오는 학생들이 있다. 여러 이유가 있겠지만 대부분의 경우는 학원 숙제 때문이다. 그런 아이에게는 스케줄을 짤 때, 책 읽을 시간을 따로 정해놓으라고 충고한다. 남는 시간에 책을 읽겠다고 생각하면 책은 절대 읽지 못한다. 평일이 바쁘다면 주말에라도 시간을 내야 한다.

그런데 참 신기한 것은 그렇게 바쁘다는 아이들에게 스마트폰으로 게임을 하고 유튜브 영상을 볼 시간은 있다는 점이다. 틈만 나면 스마트폰을 손에 쥐었다는 뜻이다. 이제라도 스마트폰과 각종 영상에 빼앗겨 버린 관심을 조금씩 책으로 돌려놔야 한다. 아이들더러 책 좀 읽으라고 잔소리만 할 것이 아니라 어른들이 적극적으로 도와줘야 한다.

효과적인 방법의 하나는 주말에 부모님과 함께 다음 주에 읽을 책을 고르는 것이다. 도서관에 가도 좋고, 서점에 함께 가서 골라도 좋다. 월요일에는 무조건 책가방에 새 책이 담기도록 한다. 논술 학원에 다니는 친구들은 그 주에 읽어야 할 필독서가 있을 것이다. 그 책이 월요일에 책가방에 넣어져 있어야 틈날 때 책을 집어 들 확률이 높아진다.

부모님도 우선순위를 조절할 필요가 있다. 솔직히 나만 해도 아이들과 함께 스케줄을 짤 때 영어와 수학 시간을 먼저 배치하고 남는 시간에 독서나 운동을 넣는다. 그런데 아이들은 부모님의 생각을 귀신같이 알아챈다. 부모님이 우선순위로 둔 과목을 아이들도 중요하다고 여기는 것이다. 그렇기에 부모님부터 독서 시간을 하대해선 안 된다.

큰아이는 초등학교 5학년 여름방학 때 모든 학원을 그만두고 책을 읽었다. 한 달 내내 뒹굴뒹굴 구르며 책을 읽어대더니 해리포터 전 권을 완독했다. 중학생이 된 지금도 그해 여름방학을 가장 행복했던 시간으로 기억하고 있다. 그 결정을 내릴 때 불안했던 것은 사실이지만 엄마로서 돌아보니 그것만큼 잘한 일도 없는 듯하다.

학교에서의 자투리 시간, 독서 시간으로 활용하자

아이들이 깨어있는 시간을 기준으로 볼 때 가장 오래 있는 장소가 학교다. 그러니 학교에서 보내는 시간의 자투리 만이라도 잘 활용한다면 책 읽을 시간을 확보할 수 있다.

대부분의 초등학교가 9시에 등교를 하다 보니 아침에 책 읽을 시간이 줄어들었다. 등교하자마자 바로 1교시가 시작되기 때문이다. 대신 2교시와 3교시 사이에 중간놀이 시간을 두는 경우가 많다. 이 시간에 밖에 나가서 뛰어노는 것도 중요하지만, 한 달에 한두 번을 독서시간으로 활용한다면 책 읽을 시간을 늘릴 수 있다.

학급 도서가 풍성해도 아이들이 책에 관심을 둔다. 학교 총회 날 교실에 들어가면 가장 먼저 학급 도서를 살펴보았는데, 낡아빠지고 오래된 책 몇 권만 덩그러니 있는 경우가 상당했다. 고맙게도 큰아이의 초등학교 4학년 담임 선생님은 당시 아이들에게 각자 재밌게 읽은 책을 한두 권씩 갖고 오라고 하셨다. 덕분에 학급문고가 금세 또래 친구들이 추천한 책들로 가득 찼다. 교실이 작은 도서관이 되었고, 쉬는 시간이 독서 시간이 되었다. 만약 학급문고가 부족하다면 학급 자치 시간에 아이들이 직접 '학급문고 마련하기'라는 안건을 내서 책을 보충하는 것도 좋겠다. 무슨 책을, 어떤 방법으로 보충할지를 아이들 스스로가 고민하여 해결한다면 이 또한 좋은 공부가 될 것이다.

작은 아이가 다녔던 초등학교 도서관에서는 1년에 한 번씩 도서 축제를 열었다. '내가 추천하는 책 이야기' 등을 써서 내면 간식을 주는 행사인데 모두가 왁자지껄 축제를 즐겼다. 도서관에서 책을 한 권씩 빌릴 때마다 독서통장에 도장을 찍어주고 연말에 시상을 했는데 아이들은 그 상을 받겠다고 도서관을 열심히 들락거렸다. 학교나 학급에서 '책 읽는 날'을 정해 축제처럼 즐기는 문화를 만들면 금상첨화다. 친구들과 함께 존경하는 인물, 과학, 역사 등 같은 주제의 책을 읽고, 그림으로 표현하고, 토론도 하며 책 읽는 즐거움을 느끼는 기회를 가져보는 것이다.

중 1 자유학기제, 독서의 황금기

얼마 전 신문에서 2018년도 프랑스 바칼로레아에서 출제된 문제를 소개한 기사를 읽었다. 뒤르켕의 "종교 생활의 원초적 형태", 쇼펜하우어의 "의지와 표상으로서의 세계" 등의 발췌문을 읽고 자기 생각을 논술하는 문제였는데 이것은 단순히 학생들의 읽기 능력과 글쓰기 능력을 보겠다는 평가가 아니다. '다문다독다상량(多聞多讀多商量)', 다시 말해 '얼마나 많이 듣고 많이 읽고 많이 생각했는지'를 평가하는 문제였다. 평소 비판적 읽기를 통해 얼마나 많은 생각을 해왔는지, 학생들의 생각하는 힘을 묻는 질문이기도 했다.

앞서 소개했듯이 이미 우리나라 교육현장에서도 국제 바칼로레아를 적극적으로 도입해나가고 있다. 기존에 국제 바칼로레아를 도입하고 있는 대구, 제주 외에도 강원, 경북, 전북, 전남 등에서도 도입되고 있다. 급변하는 21세기에 필요한 인재상은 주어진 정답을 맞히는 모범생이 아니라 창의적이고 도전적인 인재이기 때문이다.

우리 아이들이 다문다독다상량을 체득할 수 있는 최적의 시기는 중학교 1학년 자유학기제이다. 시험을 보지 않아 성적에 대한 부담에서 자유로운 이 시간에 독서와 토론에 집중한다면 최고의 자유학기제를 보낼 수 있다. 초등학교 때 독서 습관이 잡히지 않은 친구라면 자유학기제를 만회의 시간으로 활용해보자. 10대 청소년들은 감성도 풍부하고 호기심도 많을 시기다. 그러한 감성과 생각으로 책을 읽을 수 있는 시기는 인생에 단 한 번뿐이다. 책에 재미를 붙일 수 있는 절호의 기회를 놓쳐선 안 된다.

이때 학교에서 아예 책 읽을 시간을 따로 지정해주면 효과가 배가 된다. 큰아이가 중학생이었을 때 학교 국어 시간이 일주일에 총 4차시(1차시당 45분)였는데 그중에 1차시는 도서관 수업을 했다. 1학기 때는 자유롭게 책을 읽도록 했고, 2학기 때는 조별로 같은 책을 읽기로 했단다. 솔직히 처음에는 '일주일에 45분 동안 무슨 책을 얼마나 읽겠냐' 싶었는데 옆에서 지켜보니 한 달에 한 권씩은 읽을 수 있었다. 학교에서 다 못 읽은 책은 빌려와 집에서 읽으니 속도가 더 붙었다.

학교 독서 운동의 효과를 보여주는 대표적인 사례가 하나 있다. 1988년 일본 지바현 후바나시 도요고등학교의 하야시 히로시 선생님이 학생들과 함께한 '아침 독서 운동'이다. 원칙은 네 가지, 모든 학생과 교사가 참여하고, 하루도 빠트리지 않으며, 학생 스스로 좋아하는 책을 고르고, 절대 독후감을 강요하지 않는다는 것이었다. 이 운동으로 학생들은 책에 대한 재미를 깨우치고, 독서 습관을 들일 수 있었다. 그 덕분에 책 읽는 속도가 빨라져 독해력은 물론 학업 성취도도 높아졌다. 평범한 한 선생님이 시작한 아침 독서 운동은 이후 일본의 2만여 개의 학교로 전파되었고 학업 성취도를 높이는 견인차 역할을 했다.

나와 타인에 대한 이해를 높이는 독서

초등학교 고학년에서 중학생까지 책을 통해 익힐 수 있는 좋은 자세가 '역지사지(易地思之)'다. 한자 뜻 그대로 '나와 다른 상대방의 입장이 되어봄으로써 상대방을 깊이 이해할 수 있는 자세'이다.

가끔 언론에서 보도되는 10대 청소년들의 범죄 기사는 가슴을 아프게 한다. 옳고 그름에 대한 판단이 성숙하기 전, 한 번의 실수로 돌이킬 수 없는 길에 들어선 아이들을 보면 어른으로서 책임감이 느껴진다. 내가 가하는 한 번의 폭력이, 말 한마디가 상대방에게 큰 상처를 줄 수 있다는 '역지사지'를 가르쳤다면 그 아이들은 지금 더 나은 선택을 하지 않았을까 하고 말이다.

책을 통해 우리는 수없이 많은 사람의 생각과 감성을 만난다. 공자와 맹자, 소크라테스와 같은 성인과 대화를 나눌 수도 있고, 천상병, 기형도와 같은 시인의 감성을 느낄 수 있으며, 아인슈타인, 파인먼과 같은 과학자들의 앞서간 생각도 만날 수 있다.

다양한 관심과 생각을 가진 사람들을 만나 기존의 내 생각을 깨고 부족한 점을 발견하고 보완해나가는 과정은 나 자신의 성장을 위해서도 중요하고, 타인에 대한 이해의 폭을 넓힌다는 데 큰 의미가 있다. 무엇보다 나 중심적인 사고를 벗어나 힘들고 어려운 사람들을 돌아보고, 함께 가슴 아파하며, 도와주려는 마음을 가지게 된다.

"모두 깜언"(김중미, 창비)이나 "완득이"(김려령, 창비)를 읽으면 외국에서 우리나라로 이주해온 분들과 그 자녀들의 삶을 이해할 수 있다. "지구촌 곳곳에 너의 손길이 필요해"(예영, 뜨인돌어린이)를 읽으면 지구 반대쪽에 사는 또래 친구들이 전쟁과 기아 속에서 어떤 고통을 겪고 있는지 알 수 있다. "쓰레기 줍는 아이 내 이름은 벨루"(기타울프&아누쉬카 라비샹카르, 거인)에선 열한 살 벨루가 고향을 떠나 도시의 넝마주이가 될 수밖에 없었던 가난의 고통에 공감하게 되고, "빼앗긴 내일"(즐라타 필리포빅, 멜라니 챌린저 엮음, 한겨레아이들)을 읽다 보면 평화로운 일상을 단숨에 헤집어 놓는 전쟁의 참상을 생생하게 느껴볼 수 있다. 내가 경험하지 못한 것을 보고 느끼고 상상하면서 타인의 아픔과 고통에 공감할 수 있는 것이다.

요즘 10대 청소년들은 해야 할 게 정말 많다. 학교와 학원 공부가 끝도 없다. 와중에 사춘기도 겪는다. 예전에는 중2가 사춘기의 절정이라고 했지만, 이제는 그 시기가 점점 앞당겨져 초4, 초5부터 사춘기가 시작된다. 신체적인 발육이 빨라져서 생기는 현상이다. 신체적 성숙을 정신적 성숙이 따라잡지 못하면 문제가 생기기 마련이다. 몸은 어른처럼 큰 데도 이야기를 나누다 보면 아기 같은 아이들도 많다.

어른도 아이도 아닌 10대 아이들에게 책은 큰 위로가 되기도, 삶의 방향을 잡는 열쇠가 되기도 한다. 12년 내내 입시를 준비하는 우리나라 풍토에서는 공부를 안 하고 책을 읽는 것이 바람직하지 않게 비칠 수도 있다. 그러나 독서는 우선순위를 두고 시간을 내어야 하는 일이다. 가장 순수하고 예민한 시기에 읽은 책은 평생의 버팀목이 되기 때문이다.

03

독서 지도의 3단계

—

—

—

—

독서는 말 그대로 책을 읽는 것이다. 그런데 책을 잘 읽으려면 독서 전, 독서 후 단계가 필요하다.

'독서 전 단계'는 책이라는 망망대해를 항해하기 전에 나침반으로 방향을 맞추는 과정이다. 저자가 쓴 머리말을 읽거나 책의 목차를 꼼꼼히 살피면서 이 책이 나에게 어떤 지식과 감동을 줄지 예측해보는 것이다. 이런 독서 전 과정을 거치면 책의 내용을 머릿속에 체계화하고, 줄거리를 가늠하는 데 도움이 된다.

'독서 후 단계'는 책이라는 멋진 항해를 끝내고 난 후 느낀 감동을 다시금 되새겨보는 과정이다. 책을 덮고 산책을 하거나 음악을 듣는 것도 좋고, 짧은 감상평을 써도 좋다. SNS를 통해 친구들과 감동을 나누거나 저자가 쓴 다른 책들을 찾아 읽는 것도 훌륭한 독서 후 과정이다.

이렇게 책을 3단계로 차분히 읽으면 책은 어느새 읽은 사람의 일부가 된다.

독서 방향을 제시하는 독서 전 단계

독서 전 단계의 핵심은 독서의 '방향'을 제시해주는 것이다. 저자가 말하고자 하는 이야기에 잘 집중할 수 있도록 호기심과 읽고자 하는 의욕을 북돋아주는 게 중요하다.

① 몰입을 이끄는 질문 던지기

"마법의 설탕 두 조각"(미하엘 엔데, 소년한길)에서 주인공 렝켄은 자신의 이야기를 들어주지 않는 부모님과 사사건건 부딪치며 갈등한다. 그러다 마법사가 건네준 설탕 두 조각을 받아 집으로 돌아오는데 그 설탕은 부모님이 렝켄의 말을 들어주지 않을 때마다 부모님의 키를 절반으로 줄여주는 마법의 설탕이다. 렝켄은 결국 부모님의 찻잔에 마법의 설탕 두 조각을 넣고 점점 작아지는 부모님을 보며 후회를 한다.

이 책을 읽기 전에 나는 아이들에게 "부모님 때문에 언제 속상했었니?", "부모님이 내 말을 들어주지 않을 때 기분이 어떠니?"와 같은 질문을 던진다. 책의 내용을 미리 추측해보도록 유도하는 질문이다. 이러한 질문을 통해 아이들은 렝켄과 자신을 동일시하고 '나라면 어떻게 할까?'를 떠올리면서 책을 읽게 된다.

"프린들 주세요"(엔드류 클레먼츠, 사계절)는 다소 엉뚱한 성격을 가진 주인공 닉이 '펜'이라는 명칭 대신 '프린들'이라는 말을 쓰면서 벌어지는 이야기를 담고 있다. 책을 읽기 전 "우리가 쓰고 있는 연필, 지우개, 공책과 같은 명칭은 누가 만들었을까?", "왜 우리나라에서는 '연필'이라고 부르고 미국에서는 '펜슬'이라고 부를까?"와 같은 질문을 던진다. 명칭이 어떻게 만들어지는지 미리 떠올려보도록 방향을 잡아주는 것이다. 그러면 아이들은 '프린들'이 어떻게 사람들 사이에 퍼져 통용되었으며, 사전에까지 등재되었는지 핵심 줄거리를 놓치지 않는다.

"강치야 독도야 동해바다야"(한겨레아이들)는 해양문화 전문가인 주강현 박사가 독도의 가치, 독도의 역사 등을 소개한 책이다. 책을 읽기 전에 아이들에게 독도의 위치를 지도에서 찾아보게 하고, 독도의 새 주소를 검색해보게 한다. '독도는 우리 땅' 노래를 부르며 가사를 떠올려보는 것도 좋다. 이러한 독서 전 활동을 통해 아이들은 독도에 대한 호기심을 갖게 된다.

② 책의 시간적, 공간적 배경 알려주기

책의 시간적, 공간적 배경을 아는 것은 주인공의 성격과 행동을 이해하는 데 도움이 되고, 결과적으로는 그 작품을 깊이 감상하는 데 있어 최고의 방법이다.

허균의 "홍길동전"을 읽기 전에 조선 시대의 신분제도에 대해서 함께 알아본다면 주인공 홍길동이 왜 '아버지를 아버지라 부르지 못하고, 형을 형이라 부르지 못하는 한'을 갖게 됐는지 이해할 수 있다.

현진건의 "운수 좋은 날"을 읽기 전에는 1920년대 식민지 시절 백성들의 삶이 어떠했는지 살펴본다. 그러면 김 첨지가 왜 아픈 아내를 두고 인력거를 몰아야 했는지 고개가 끄덕여진다.

인디언들에 대한 차별이 심했던 1930년대 미국의 모습과 체로키족에 대해 알아본 후 "내 영혼의 따뜻했던 날들"(포리스트 카터, 아름드리나무)을 읽으면 등장인물들에 대해 공감하게 된다.

③ 작가에 대한 소개

책을 읽기 전 아이들에게 작가를 소개해주는 것도 책을 이해하는 데 도움이 된다. "몽실 언니"(권정생, 창비)를 읽기 전에 저자인 권정생 선생님이 어떤 분인지 먼저 소개하는 식이다. 어렸을 때 읽은 동화책 "강아지 똥"(권정생, 길벗어린이)을 다시 한번 읽어보고, 권정생 선생님이 작은 시골 마을 교회의 종지기로 사셨던 이야기, 가난과 병마로 싸웠지만 끝까지 신앙을 지키셨던 이야기들을 들려주면 아이들이 책에 대해 친밀감을 느낀다.

"돼지가 한 마리도 죽지 않던 날"(로버트 뉴턴 펙, 사계절), "나의 라임오렌

지나무"(J. M. 바스콘셀로스, 동녘), "그 많던 싱아는 누가 다 먹었을까"(박완서, 웅진지식하우스) 등은 모두 작가가 어린 시절을 회상하면서 쓴 자전적 소설이다. 그러므로 독서 전 활동으로 작가에 대해 알아보면 책을 깊숙이 들여다보는 데 큰 도움이 된다.

이러한 독서 전 활동을 거치지 않고 책을 읽으면 종종 저자의 의도와는 전혀 다른 방향으로 책을 읽게 된다. 우스갯말로 "그분이 오셨다."라고 말하기도 한다. 분명 책은 A를 말하고 있는데 아이 혼자 철썩 같이 B라고 믿는 식이다.

물론 작가가 말하고자 하는 바와 다르게 독서를 하는 게 무조건 나쁜 것은 아니다. 망망대해를 나침반 없이 홀로 헤매 보는 것도 뜻깊은 일이 될 수 있다. 하지만 독서는 작가와 독자가 나누는 대화다. 작가가 한 말을 이해하지 못하면 그릇된 해석을 내릴 가능성이 크다. 될 수 있으면 먼저 작가의 이야기에 귀 기울이도록 인도해야 한다.

아이들의 바른 독서법, 정독

독서에서 가장 중요한 과정은 당연히 책을 읽는 단계다. 책을 읽는 방법에는 천천히 내용을 음미하면서 읽는 정독, 빨리 집중해서 읽는 속독, 필요한 부분만 뽑아내서 읽는 발췌독 등 다양한 방법이 있다. 그 중 될 수 있으면 정독을 하길 권한다. 웬만해서는 중도에 그만두지 않고 끝까지 읽으려고 노력해야 한다. 내용이 어려워 잘 넘어가지 않을 때는 철학책과 소설책, 실용서와 수필집 등 서로 다른 영역의 글을 동시에 읽는 것도 한 방법이다. 술술 넘어가는 쉬운 책을 읽다 보면 어려운 책을 다시 읽을 용기가 생기기 때문이다.

① 만독, 필독, 낭독의 장점을 두루 갖춘 정독

최근 발췌독의 효율성을 강조하는 책이 많이 소개되고 있다. 바쁜 일상에 쫓기며 사는 사람들이 많다 보니 책이 재미없으면 과감히 덮어도 된다고까지 말한다. 하지만 아이들에게는 '정독'을 가르쳐야 한다. 발췌독은 책을 많이 읽어서 책 읽는 속도가 빠른 전문가들이 실용서나 자기계발서를 읽을 때 적용하면 좋은 방법이다. 따라서 좋은 책을 깊이 읽고 내 것으로 만들어야 하는 아이들에게는 적합하지 않다.

"어떻게 읽을 것인가"(고영성, 스마트북스)에서는 책을 읽는 다양한 방법과 그에 대한 장단점을 소개하고 있다. 많이 읽는 다독(多讀), 다양한 분야의 책을 두루 읽는 남독(濫讀), 느리게 읽는 만독(慢讀), 관점을 가진 관독(觀讀), 읽은 책을 다시 읽는 재독(再讀), 중요 부분을 필기하면서 읽는 필독(筆讀), 소리 내서 읽는 낭독(朗讀), 책을 덮고 생각하는 엄독(奄讀) 등이 그것이다.

정독은 만독과 필독, 낭독의 장점을 두루 갖춘 읽기 방법이다. 책의 내용을 천천히, 느리게 곱씹으면서 자세히 읽는 만독을 하면서 감동한 구절이나 새롭게 안 사실에 밑줄을 긋거나 따로 독서 공책을 만들어 메모하는 필독을 곁들이면 금상첨화다.

더불어 소리를 내서 읽는 낭독까지 실천한다면 훨씬 더 집중력을 높일 수 있다. 책을 소리 내서 읽으면 귀로도 책을 읽게 되기 때문이다. 대부분의 사람이 책을 조용히 눈으로 묵독한다. 하지만 알베르토 망구엘의 "독서의 역사"(세종서적)를 보면 서구에서는 10세기가 지나서야 묵독이 자리를 잡게 되었고, 그전에는 대부분의 사람이 소리를 내서 책을 읽었다고 한다. 우리나라에서도 처음 한자를 배우는 아이들이 서당 훈장님을 따라 '하늘 천, 땅 지'를 큰 소리로 부르며 익혀나간 것을 떠올리면 이해가 쉽다. 모두 낭독이 주는 탁월한 집중력 때문이다.

② 아이의 읽기 수준을 고려한 독서

학부모님과 상담을 하다 보면 "아이가 책을 휘리릭 대충 읽는다."라고 걱정하시는 분들이 많다. 글자 수가 꽤 많은 책도 30분 만에 다 읽었다면서 집어던진다는 것이다. 이럴 때는 먼저 책의 수준이 아이의 읽기 수준에 적합한지 살펴볼 필요가 있다.

낯선 단어가 많이 나오거나 내용이 너무 어려운 책이면 아이들이 쉽게 집중하지 못한다. 과학에 전혀 관심이 없는 아이에게 두꺼운 상대성 이론, 빅뱅에 관한 책을 준다면 당연히 대충 읽고 던져버릴 것이다. 이럴 때는 책 수준을 낮춰줘야 한다. 차라리 또래보다 한두 살 어린아이들이 읽는 쉬운 책을 읽으면서 책에 대한 자신감을 회복한 후에 조금씩 수준을 높여 읽는 게 늦게 가는 듯 보여도 빨리 가는 길이다. '1권을 재밌게 읽어야 100권을 읽을 수 있다'는 말이 괜히 나온 게 아니다.

독후 활동으로 독서 마무리하기

독서의 마지막 단계는 독후 활동 단계다. 독후 활동이라고 하면 당연히 독후감을 떠올리기 마련이지만 난 오히려 독후감 쓰기를 강요하지 말라고 부탁하고 싶다. 독후감이 목적이 되는 책 읽기는 독서의 재미와 기쁨을 뺏는 일이 될 때가 많다.

많은 아이들이 책을 읽는 것까지는 재밌게 하다가도 '독후감'의 '독'자가 나오면 자지러진다. 쓰기 자체가 싫어서이기도 하겠지만, 그보다는 독후감을 힘들게 썼던 나쁜(?) 기억 때문이다.

독후 활동으로 꼭 글쓰기를 해야 하는 것은 아니다. 가장 기억에 남는 장면을 그림으로 표현해도 좋고, 이후 스토리를 만화로 표현해도 좋다. 포스터 그리기, 가요 가사 바꿔 부르기도 재밌어하는 독후 활동이다. 책을 읽고 함께 대본을 써서 연극을 하는 것도 아이들 모두가 참여할 수 있는 즐거운 활동이다.

① 질문과 대답만으로도 훌륭한 독후감이 된다

글이란 내가 뭔가 표현하고 싶은 갈증이 났을 때 쓰는 게 진짜다. 그래서 나는 수업을 함께하는 아이들에게 독후감을 강요하지 않는다. 더 중요한 것은 책을 즐겁게 읽고, 질문 독서를 통해 생각을 춤추게 하는 것이다.

그런데도 학교 숙제나 대회 때문에 독후감을 써야 한다면 다음 장에 소개하는 '질문 독서'를 정리한다는 마음으로 가볍게 써 나가라고 충고한다. 1단계부터 5단계까지의 질문 중에 가장 재밌었던 질문을 고르고, 그에 대한 나만의 대답을 쓰면 그게 바로 독후감이 된다.

단순히 책의 내용이나 줄거리를 묻는 질문보다는 "내가 만약 주인공이라면?", "악역이 주인공이 됐다면 이야기는 어떻게 달라졌을까?", "후속 편이 나온다면 어떤 이야기가 펼쳐질까?"와 같은 다양한 질문을 던지고 그 질문에 대해 서로 대답하고 토론하는 과정을 거치면 독후감의 내용이 풍성해진다.

'질문 독서'에 있어서 가장 중요한 질문은 4단계 "저자는 왜 이런 책을 썼을까?"와 5단계 "이 책이 나에게 남긴 것은?"이다. 이 두 가지 질문에 대해서는 될 수 있으면 빼놓지 않고 곰곰이 잘 생각한 후에 쓰도록 지도한다.

매번 독후감을 쓰게 하면 아이들이 금세 질린다. 책 내용 중에 가장 마음에 남는 구절 2~3개를 옮겨 쓰게 하거나, 한 줄 평을 쓰게 하는 등의 활동도 훌륭한 독후 활동이니 적극 활용할 만하다.

독후감이든, 한 줄 평이든, 한 공책에 써서 모으는 게 좋다. 삐뚤빼뚤

정성스레 쓴 글쓰기 공책이야말로 아이들의 생각이 어떻게 자랐는지를 살펴볼 수 있는 개인 역사책이다.

② 그림이나 만화 그리기 & 신문 기사 쓰기

제대로 책을 읽은 아이들은 책을 읽고 나서 하고 싶은 말이 많다. "재밌다.", "재미없다."부터 "주인공이 마음에 안 든다.", "주인공이 불쌍하다." 등 평가도 제각각이다. 그런데 그 느낌을 글로 쓰라고 하면 다들 부담스러워하고 막막해한다. 그럴 때는 가장 재밌었던 장면을 상상해서 그려보게 하거나 책 다음 이야기를 만화로 그리고 말풍선을 달아보게 하는 활동을 하면 재미있어한다.

그림이나 만화적 상상은 아이들의 기발한 아이디어를 공책에 쏟아붓게 한다. 초등학교 아이들을 잘 관찰해보면 각자 좋아하는 캐릭터가 하나쯤 있다. 심지어 그 캐릭터를 직접 만드는 아이들도 있다. 내가 가르치는 남학생 둘은 서로 친한 사이인데 '팡이'라는 펭귄 캐릭터를 만들어서 공책이든 어디든 마스코트처럼 그려 넣는 것을 취미로 삼고 있다. 이 두 녀석이 그리기 독후 활동을 할 때 팡이가 등장하는 것은 당연한 일이다.

비문학 책, 가령 예를 들어 과학책이나 역사책을 읽고 나서 아이들 대부분은 "공부하는 것 같다.", "교과서 읽는 줄 알았다."며 그 책을 고른 선생님을 비난한다. 이럴 때 역시 가장 중요한 사실을 그림으로 표현해 보도록 하면 재미도 느끼고, 지식도 체계화된다. 생태계의 먹이사슬, 물의 순환, 쓰레기 처리 방법 등 자신이 그린 그림을 보며 성취감도 느끼고, 어려운 지식에 대해서도 마음을 연다.

"강치야 독도야 동해바다야"(주강현, 한겨레아이들)를 읽고 독도 포스터를 그리게 하면 저마다 강조하고 싶은 내용이 다르다는 것을 알 수 있다. 어떤 녀석은 독도의 주소 '경상북도 울릉군 울릉읍 독도리 산 1-96번지'를 대문짝만 하게 써놓기도 하고, 어떤 녀석은 독도가 일본 오키군도 보다 울릉도에서 가깝다는 사실을 강조해 독도가 우리나라 땅임을 이야기한다.

"우당탕탕, 우주 비행사 학교"(정홍철, 다산어린이)는 주인공 이맹수가 우리나라 대표로 선발돼 러시아 우주인 훈련센터에서 훈련받고 우주여행을 하는 과정을 담고 있다. 이 책을 신문 기사로 소개해보자고 했더니 어떤 친구는 '우주인의 하루'를 중점적으로 소개했고, 또 어떤 친구는 '로켓이 발사되는 과정'을 자세히 정리했다.

"10살에 꼭 만나야 할 100명의 직업인"(한선정, 조선북스)과 "멘토52"(어린이동아, 삼성당)와 같은 직업 소개 책들을 읽고 나서 '30년 후 자신을 인터뷰해보기'를 하면 아이들이 자신의 장래희망을 고민해볼 수 있고, 또 그 꿈을 위해 어떻게 노력하면 좋을지 생각해볼 수 있다.

③ 대본 써서 연극해보기

책을 읽은 후 대본을 써서 연극을 해보는 것도 아이들의 적극적인 참여를 끌어내는 데 효과적이다. '아이들더러 연극을 하라고 하면 과연 스스로 알아서 할까?' 하고 의문을 품을 수도 있다. 하지만 아이들을 키워보고 가르쳐본 경험에 비추어봤을 때 뭔가 표현하고 싶어 하는 욕구는 아이들의 본능에 가깝다.

친구들 모임에 아이들을 데리고 가면 여러 아이가 섞여서 놀다가 누가 시키지도 않았는데 즉석에서 아이디어를 내고 연습을 해서 깜짝 쇼를 한다. 음악을 틀고 댄스대회나 패션쇼를 하기도 하고, 핸드폰으로 BGM을 깔고 뉴스를 진행하기도 한다. 현장에서 소품을 조달해 멋진 연극 한 편을 선보여 어른들을 깜짝 놀라게 하기도 했다.

이러한 표현 욕구를 독후 활동과 연결하면 아이들의 창의력을 기르는 최고의 독후 활동이 된다. 책의 스토리가 방대하고 등장인물이 많을 경우엔 모든 내용을 대본에 넣기가 쉽지 않다. 이럴 때는 한 장면만 골라서 연극 대본을 써보게 한다. 어떤 장면을 연극으로 구현할지, 등장인물은 주인공 외에 누구까지 넣을지, 스토리는 어떻게 짤지, 누가 무슨 역할을 맡을지 역시 아이들 스스로 정하는 게 좋다. 선생님이나 부모님은 가이드 역할만 해야 한다. "도와주세요!"란 요청이 들어올 때만 개입하지, 절대 주도적으로 이끌어서는 안 된다.

다음은 둘째 아이가 초등학교 2학년 때 친구들과 함께 "까막눈 삼디기"(원유순, 웅진주니어)를 읽고 연극을 하기 위해 쓴 대본이다. 아이들이 다 함께 아이디어를 내고 선생님인 내가 컴퓨터로 받아 써 정리했다. 벌써 수년이 흘렀지만 지금 읽어봐도 당장 연극을 하기에 손색이 없다.

연극을 할 때는 각자의 역할에 어울리게 목소리 톤을 바꿔가며 진지하게 임했다. 등장인물 중에 연보라는 경상도 사투리를 쓰는 아이인데, 연보라 역을 맡은 아이가 사투리를 맛깔나게 살려 읽어서 모두 까르르 웃음보따리가 터졌다. 아이들의 능력은 늘 어른들의 상상을 뛰어넘는다.

"까막눈 삼디기" 대본

| 등장인물 | 해설, 삼디기, 연보라, 선생님, 연지

해설 : 즐거운 초등학교 1학년 1반의 이야기입니다. 이 반에는 한글을 전혀 모르고 받아쓰기를 매일 빵점 받는 '엄삼덕'이라는 친구가 있습니다. 이 친구의 별명은 '삼디기'입니다. 삼디기라고 불러야 자신을 부르는 줄 알기 때문입니다. 자, 그럼 지금부터 삼디기와 친구들의 이야기를 들어보실까요?

선생님 : 여러분, 지금부터 받아쓰기를 시작하겠습니다. 공책을 펼치고 옆의 친구 것 보지 마세요. 시작합니다. '여름의 과일은 수박, 참외가 있다.' 다 잘 썼나요?

삼디기 : (머리를 긁적이며) 뭐라는지 모르겠다…. 오늘도 빵점이겠다….

연지 : (삼디기를 무시하듯 쳐다보며) 야, 너 그것도 모르냐? 바보 아니야? 너 초등학생 맞냐?

친구들 : (다 같이) 삼디기는 바보래요~, 바보래요~.

삼디기 : (책상에 엎드려 울며) 아니야…, 나 바보 아니야…. 흑흑흑.

해설 : 받아쓰기가 끝나고 쉬는 시간이 되었습니다. 문을 열며 들어오신 선생님 곁에는 예쁘장하게 생긴 '연보라'라는 친구가 있습니다. 보라는 오늘 새로 전학 온 친구입니다.

선생님 : 자, 여러분, 주목하세요. 오늘 새로 전학 온 친구가 있습니다. 이름은 연보라고요. 보라야, 친구들에게 인사할래?

연보라 : (경상도 사투리를 쓰며) 친구들아, 안녕? 만나서 반갑대이~. 내 이름은 연보라라고 한대~. 내는 경상남도 통영에서 왔다 아이가. 잘 부탁한대이~.

친구들 : (다 같이 박수)

선생님 : 자, 그럼 보라의 짝은 누구로 할까요?

친구들 : 삼디기요! 삼디기요!

선생님 : 좋아요. 그럼 삼디기 옆으로 가서 앉으세요.

해설 : 다음날이 되었습니다. 매일 찾아오는 받아쓰기 시간이 되었습니다. 오늘은 과연 삼디기가 시험을 잘 볼 수 있을까요?

선생님 : 자, 공책 펴고 받아쓰기 시작합시다. 집중하고. '가을에는 낙엽이 떨어지고 차가운 바람이 붑니다.' 잘 썼나요?

삼디기 : (머리를 긁으며) 너무 어렵다….

연보라 : (삼디기를 보며) 삼디기야, 최선을 다하고, 오늘부터 쉬는 시간마다 내가 책 읽는 거 도와줄게. 너도 할 수 있어!

삼디기 : (부끄러운 듯이) 그… 그럴 수 있을까?

해설 : 그 이후로 보라는 쉬는 시간마다 삼디기에게 책을 읽어주고 한글을 가르쳐주었습니다. 그로부터 일주일 후 다시 받아쓰기 시간이 찾아왔습니다.

선생님 : 자, 받아쓰기를 시작해볼까요? 삼디기, 오늘도 0점 받으면 선생님한테 혼나요! '겨울에는 눈이 오고 얼음이 업니다.'

연보라 : (삼디기 쳐다보며) 삼디기야, 힘내. 최선을 다하라고!

삼디기 : (고개를 끄덕이며 연필로 열심히 쓰는) 겨울에는….

해설 : 삼디기는 과연 받아쓰기 0점을 면할 수 있을까요? 다음날 받아쓰기 결과가 발표되는 순간입니다.

선생님 : 받아쓰기 공책 받아 가세요! 연지! 연보라! 삼디기!

삼디기 : (공책을 받아 들고 속상해한다) 또 빵점이네…. 난 정말 바보인가 봐. 흑흑.

연보라 : (삼디기 공책을 가져와서 동그라미 쳐주는) 아이다~, 니 바보 아이다. 봐라 봐라. 이것도 얼추 맞았고, 이것도 잘 썼구먼. 니 100점이다. 진짜다.

선생님 : 연보라! 지금 뭐 하는 거예요? 왜 0점짜리 시험지를 100점으로 만들어요?

연지와 친구들 : 선생님, 그게 아니고요. 그동안 보라가 삼디기한테 한글을 가르쳐줬거든요. 지난번보다 열심히 잘했으니까 용기 주려고 그러는 거예요. 혼내지 마세요!

선생님 : (놀라서) 그래? 보라가 삼디기에게 한글을 가르쳐줬다고? 기특하기도 하지. 보라 말대로 삼디기 100점이 맞다! 하하하.

해설 : 태어나서 처음으로 100점을 맞은 삼디기는 무척 행복했습니다. 그 후로 삼디기는 한글 공부를 열심히 했답니다. 그래서 할머니에게 동화책도 읽어드리고, 받아쓰기도 진짜 100점을 받을 수 있었답니다.

④ 토론하기

책을 읽기 전에는 늘 아이들에게 '토론 주제 생각해보기' 미션을 준다. 뻔한 정답이 있는 주제는 피하고, 가능하면 찬반 의견이 나뉠 만한 것을 주제로 고르게 한다. 아이들이 낸 주제 중에 토의를 거쳐 주제를 정해 토론을 진행하면 집중도가 더 높아진다.

"원숭이꽃신"(정휘창, 효리원)은 초등학교 6학년 국어 교과서에 실린 책이다. 부자인 원숭이는 오소리가 공짜로 선물하는 꽃신을 신다가 발바닥에 굳은살이 모두 없어져 꽃신을 신지 않고는 다닐 수 없는 처지가 된다. 그제야 오소리는 본심을 드러내고 꽃신을 비싼 값에 원숭이에게 팔아 큰 부자가 된다. 아이들에게 이 책을 갖고 토론 주제를 잡아보라고 하면 '원숭이를 의도적으로 속인 오소리의 행동은 나쁜가?', '오소리의 잔꾀에 속아 넘어간 원숭이는 순진한가? 멍청한가?', '부자면서 이웃을 돕지 않은 원숭이에게 이웃 돕기를 강제할 수 있나?' 등 다양한 의견을 낸다.

다음은 초등학교 5학년 친구들 4명이 '원숭이 재산을 노리고 꽃신을 선물한 오소리는 비난받아 마땅한가?'를 주제로 토론한 내용을 재구성해서 정리한 내용이다. A와 B는 오소리가 나쁘다고 주장하는 팀이고, C와 D는 오소리가 꼭 나쁘다고만 볼 수 없다고 주장하는 팀이다.

토론 주제 :

원숭이 재산을 노리고 꽃신을 선물한 오소리는 비난받아 마땅한가?

A : 오소리가 당연히 비난받을 만한 행동을 했다. 원숭이 재산을 노리고 꽃신을 선물했기 때문이다. 자신의 의도를 숨긴 채 친절하게 다가가 원숭이를 속인 것은 사기다.

C : 물론 오소리가 속인 것은 맞지만 원숭이가 끝까지 속아 넘어가지 않았다면 문제 될 게 없다. 속아 넘어간 원숭이가 바보 천치다.

B : 원숭이가 처음에 의심을 품긴 품었다. '이놈이 아무래도 내 먹이를 빼앗으러 온 것 같다.'고 말하지 않았는가. 오소리가 사탕발림을 하며 너무나 친절히 굴었기 때문에 원숭이가 속아 넘어간 것이다. 겉으론 아부를 떨면서 속으로는 원숭이 재산을 노린 오소리가 당연히 더 나쁘다.

D : 오소리가 속인 건 잘못했지만, 원숭이를 속이지 않았다면 그 재산을 내놓기나 했겠나. 나는 애초에 원숭이가 재산을 오소리에게 나눠주지 않고 꾸역꾸역 모으기만 한 게 문제인 거 같다.

A : 자기 재산을 나눠주고 안 나눠주고는 자기가 결정할 일이다. 우리는 사유재산을 인정하는 자본주의 사회에 살고 있지 않은가. 자기 재산을 나쁜 데 쓴 것도 아니고 단지 좀 모았을 뿐인데 왜 비난받아야 하나?

D : 가난한 오소리로서는 부자면서 나눠주지도 않는 원숭이가 얄미웠을 것 같다.

B : 오소리는 원숭이를 속일 생각을 할 시간에 열심히 일할 생각을 했어야 한다. 남을 속이는 건 거저먹으려는 심보다.

C : 거저먹으려 한 것은 아니다. 꽃신을 열심히 만들지 않았나. 꽃신 만들기가 얼마나 어려운 줄 아나?

(일동 웃음)

A : 오소리가 차라리 처음부터 꽃신을 만들어서 팔았으면 정정당당하게 돈을 버는 거 아니냐?

C : 원숭이가 꽃신을 순순히 사줄 위인이 아니다. 욕심 사나운 인물이다. 그러니 오소리가 속일 생각을 한 거다.

B : 오소리에겐 꽃신을 만드는 기술이 있다. 다양하고 예쁜 꽃신을 만들어서 원숭이 말고 다른 동물들에게도 팔았다면 원숭이보다 더 부자가 됐을 수도 있다.

D : 동물들에겐 애초에 꽃신이 필요 없다. 어디 신발 신고 다니는 동물 본 적 있나? 불가능한 일을 들어 오소리를 비난하는 건 아닌 것 같다.

(중략)

C : 나는 꽃신에 길든 원숭이가 멍청하다고 생각한다. 꽃신을 매일 신지 말고 중요한 날만 신든지 했어야지, 자신의 굳은살이 없어지도록 꽃신을 신은 건 바보 같은 행동이다.

D : 맞다. 자신에게 반드시 있어야 할 굳은살이 없어지도록 자기 관리를 안 한 원숭이에게 더 큰 책임이 있다.

A : 누구나 편해지게 되면 이전의 생활을 잊는다. 세탁기에 익숙해진 우리에게 손빨래를 하라면 할 수 있겠나?

B : 원숭이가 이전에 꽃신을 신어본 적이 없었지 않았나. 꽃신을 신으면 굳은살이 사라진다는 사실도 몰랐을 거다.

(중략)

선생님 : 원숭이를 의도적으로 속인 오소리가 잘못했다고 주장하는 A와 B, 오소리에게 속아 넘어가 재산을 날린 원숭이 잘못도 크다고 주장하는 C, D의 의견 잘 들었어. 모두 주장에 대한 근거를 들어서 설득하려고 노력한 점이 돋보이는 토론이었어. 많은 재산을 쌓아놓고 어려운 이웃에게 나눠줄 생각을 안 한 원숭이의 욕심을 지적한 D의 이야기, 자신의 재산을 나눠줄지 안 나눠줄지는 스스

로 결정할 일이라고 말한 C의 이야기가 굉장히 참신했다. 자, 마지막으로 자신의 주장을 다시 한번 요약하면서 마무리할까?

A : 원숭이를 의도적으로 속인 오소리 잘못이 크지만 토론을 하고 보니, 평소 주변을 도와주지 않은 원숭이의 태도에도 문제가 있다는 생각을 해봤어요.

B : 오소리는 원숭이를 속여서 쉽게 돈 벌 생각보다 꽃신을 만들어서 직접 팔 생각을 해봤다면 좋았을 것 같아요.

C : 오소리에게 속아 넘어간 원숭이가 여전히 바보 같이 느껴져요. TV 속 광고들도 알고 보면 다 물건 팔려고 하는 광고 아닌가요? 광고를 본다고 다 사지 않듯 오소리 꼬임에 넘어간 원숭이가 한심해요.

D : 평소 굳은살 관리를 소홀히 한 원숭이에게 책임이 크다고 생각해요. 꽃신에 적응이 되지 않도록 조심했어야 합니다. 저도 꽃신을 신은 원숭이처럼 중요한 것을 잊지 않도록 조심해야겠다는 생각을 했어요.

⑤ 책보다 더 재밌는 독후 활동

그 외에도 주인공에게 편지나 엽서 쓰기, 영화나 전시회 관람하기 등의 다양한 독후 활동이 있다. 책의 특징에 따라 아이들이 즐거워할 만한 재미있는 독후 활동을 하면 된다.

특히 책을 읽고 나서 관련 영화나 전시를 보러 가는 것은 감동을 배가시키는 일이다. '대동여지도'에 대한 책을 읽었다면 차승원 주연의 "고산자, 대동여지도"(강우석 감독)를 함께 보면서 지리학자 김정호의 삶을 살펴볼 수 있다. 솔직히 아이들이 이 영화를 재밌어하지는 않았지만, 막연히 알던 김정호라는 인물에 대해서 좀 더 친근하게 느끼고, 왜 그렇게 지도에 목숨을 걸었는지 이해하는 계기가 됐다. 국립중앙박물관에 전시된 '대동여지도' 목판본을 보면서 산맥과 강줄기 하나까지 자세히 표현한 대동여지도가 얼마나 과학적으로 만들어졌는지 한눈에 살펴보기도 했다.

"역사와 미술이 재밌어지는 김홍도 갤러리"(이광표, 그린북), "이중섭과 세발자전거 타는 아이"(엄광용, 산하) 등 화가가 주인공인 책을 읽은 후엔 실제 그림을 감상하러 가보자. 제주도 여행 때 이중섭 문화거리를 찾아가 이중섭이 거주했던 집을 둘러보며 이 작은 공간에서 네 가족이 옹기종기 행복하게 사는 모습을 상상하고, 이중섭 미술관에서 아내와 아들을 그리워하며 쓴 편지와 엽서를 읽으면 이중섭이라는 천재 화가의 따뜻한 감성을 고스란히 느낄 수 있다.

"어린이를 위한 따뜻한 과학, 적정기술"(이아연, 팜파스)을 읽고 플라스틱 물병을 대신할 수 있는 '오호'를 직접 만들어보면 두고두고 떠올릴 수 있는 추억거리가 생긴다.

얼마 전엔 방탄소년단을 좋아하는 중학교 1학년 아이들과 헤르만 헤세의 "데미안"을 읽고 나서 방탄소년단의 뮤직 비디오 '피 땀 눈물' 속에서 '데미안'이 어떻게 표현돼있는지 살펴보았다. "데미안"은 초등학생들이 읽기엔 내용이 어렵다. 책벌레인 중학교 1학년들도 많이 어려워했다. 하지만 자신이 좋아하는 가수의 뮤직비디오를 보다 보니 "데미안"

이라는 다소 어려운 작품을 다른 각도로 분석해볼 수 있었다. 뮤직비디오를 보며 방탄소년단 중 누가 데미안과 싱클레어 역할을 맡았는지, 곳곳에 등장하는 '이카로스의 추락' 그림과 '피에타상' 등이 의미하는 바는 무엇인지 자유롭게 이야기를 나누다 보니 시간이 금세 지나갔다.

책을 잘 읽는다는 것은 독서 전, 후 과정을 포함한 완성된 독서를 한다는 뜻이다. 여행을 떠나기 전에 여행지에 대해서 알아보듯, 책을 읽기 전에 방향을 잘 잡는 게 독서 전 과정이다. 여행할 때는 내가 살던 곳과 무엇이 다른지 비교해 보고, 궁금한 것을 물어보면서 구석구석 꼼꼼히 둘러보는 것이 중요하듯 책을 읽을 때는 정독해야 한다. 여행을 다녀와서는 함께 다녀온 사람들과 담소도 나누고 사진과 메모를 정리하며 여행지가 준 기쁨과 감동을 되새기듯, 글과 그림 등의 다양한 활동으로 책의 내용을 되새기는 것이 독서 후 과정이다.

중요한 것은 책을 읽는 독자가 주체가 되어야 한다는 점이다. 가이드나 동행하는 사람이 이끄는 대로 따라다니는 게 아니라, 끊임없이 질문을 던지며 생각하고 곱씹어봐야 한다. 책을 읽는 사람이 주체가 되는 능동적인 독서, 이것을 '질문 독서'라 한다.

04
질문 독서로 디베이트 근력을 길러라

급변하는 21세기에 우리 아이를 인재로 키우려면 무엇보다 '인간의 힘', 다시 말해 창의력, 비판적 사고, 논리성으로 대변되는 '생각하는 힘'을 키워야 한다. 그런데 이 생각하는 힘은 디베이트와 독서, 두 날개가 함께 날갯짓해야 더 높이 날아오를 수 있다. 탄탄한 독서가 바탕이 돼야 디베이트 실력도 향상하기 때문이다.

독서와 디베이트가 효과적으로 연계되려면 책을 읽을 때 '질문'을 던지면서 기존의 내 생각과 무엇이 다르고, 무엇을 받아들여야 할지 생각하면서 읽어야 한다. 무수한 질문과 그 질문에 대한 해답을 찾는 과정을 통해 생각을 키울 수 있기 때문이다. 책의 내용을 그대로 받아들이는 것은 단편적인 지식을 얻는 과정에 지나지 않는다.

질문이 가진 힘

'질문하는 독서'란 책을 비판 없이 수동적으로 읽고 그대로 받아들이는 게 아니라 글쓴이의 의도를 파악하면서 기존에 내가 갖고 있던 지식과 경험, 생각에 어떠한 영향을 끼칠 것인가를 끊임없이 묻고 답하는 능동적인 독서를 말한다. 그렇기 때문에 '저자의 생각을 그대로 전달받는 강의'가 아닌, '저자와 생각을 주고받는 대화'에 가까운 독서다.

정답을 찾는 교육에 익숙해진 대부분의 아이는 독서를 할 때도 그 책의 내용을 비판 없이 받아들이는 경향이 있다. 물론 책을 쓰는 상당수가 그 분야 전문가이거나 경험이 많은 사람들이니 비판 없이 받아들여도 큰 무리가 없을 수도 있다. 하지만 저자의 생각을 맹신하고 무비판적으로 받아들인 독서는 생각하는 힘을 키우는 데 도움이 되지 않는다.

독서를 왜 하는가? 독서를 통해 나를 발전시키고, 내가 원하는 것을 찾고, 새로운 가치를 만들어내기 위함이 아닌가. 질문하는 독서는 독서의 주체가 나임을 인식하고, 책의 정보 중에 무엇을 받아들일지를 선택하고, 기존의 내 생각을 어떻게 발전시킬지 수없이 묻고 답하는 독서다.

이러한 질문 독서야말로 새로운 아이디어를 얻고, 변화와 창조를 만들어가는 진정한 의미에서의 독서라고 볼 수 있다.

	평범한 독서	질문 독서
주된 관심사	내용 파악	내용에 담긴 뜻, 저자의 의도 파악
저자를 바라보는 관점	무비판적	비판적
독서의 자세	수동적	능동적, 주체적
독서의 형식	저자의 강의	저자와의 대화
독서의 결과	지식 습득	변화, 아이디어, 창조

① 질문은 생각을 자극한다

질문에는 다양한 힘이 있다. 특히 독서에 있어서 질문은 '생각'을 자극하기 때문에 중요하다. 수업 시간에 선생님께 "누구야, 이거 어떻게 생각해?"라는 질문을 받았다고 상상해보라. 느슨했던 몸과 마음이 바짝 조여지고, 어떻게 대답을 해야 할지 머릿속이 빠르게 회전한다.

그러니 적절한 시기에 좋은 질문을 던지면 아이를 자극하고 생각을 마구 춤추게 할 수 있다. "왜 하필 주인공은 이런 선택을 했을까?", "나라면 어떤 선택을 했을까?", "작가는 이 책을 통해 무엇을 말하고자 한 것일까?"와 같은 질문이 바로 그 예이다.

물론 이러한 질문을 아이들 스스로가 만들어내는 게 최선이다. 하지만 익숙해질 때까지는 부모님이나 선생님이 좋은 질문을 먼저 던져줄 필요가 있다. 좋은 질문을 많은 받아본 아이는 어느덧 그 질문을 스스로 만들 수 있게 된다.

② 질문은 정보를 얻는 데 효과적이다

질문은 내가 원하는 '정보'를 얻게 한다. 우리는 정보가 넘쳐나는 세상에 살고 있다. 인터넷만 연결하면 지구촌 곳곳에서 지금 무슨 일이 일어나고 있는지 바로 알 수 있고, 공연 정보나 맛집 정보도 손쉽게 찾을 수 있는 시대다. 오히려 정보가 너무 많아 그중에 옥석을 가려내는 게 힘들 정도다. 이때 질문의 힘이 필요하다. '그 글을 누가, 어떠한 의도로 쓴 것인지, 매체는 믿을만한지, 더 좋은 정보는 없는지' 끊임없이 스스로에게 질문해야 내가 원하는 진짜 정보를 손에 넣을 수 있다.

③ 질문은 소통의 가교 역할을 한다

질문은 사람과 사람을 잇는 '소통의 다리'이다. 누군가에게 질문한다는 것은 관심을 두고 있다는 증거이고, 대화를 이어나가고 싶다는 강력한 신호이기 때문이다. 마음을 여는 질문을 던질 수 있는 능력이야말로 소통의 핵심이다.

TV 프로그램들을 보다 보면 MC의 역할이 얼마나 중요한지 실감할 수 있다. 궁금하지도 않고, 예측 가능한 질문을 던지는 MC는 출연자의 마음을 열고 매력을 끌어내지 못한다. 개그맨 유재석 씨가 국민 MC로

불리는 이유는 한 가지다. 시청자가 듣고 싶어 하는 이야기와 출연자가 하고 싶어 하는 이야기를 적절하게 버무려서 좋은 질문을 던지기 때문이다. 이러한 좋은 질문은 출연자의 마음을 열게 해서 시청자에게 재미와 감동을 선사한다.

일본 메이지대학교 문학부 교수이자 언어학자인 사이토 다카시는 미래 사회에서 살아남기 위해 가장 중요한 능력으로 '커뮤니케이션 능력'을 꼽았다. 그는 "질문의 힘"(루비박스)에서 커뮤니케이션 능력 중에서도 특히 '질문하는 능력'이 가장 중요하다고 강조한다. 질문이야말로 상대방과의 대화를 깊이 있게 만들고, 상대방의 경험과 기술을 끌어내며, 상대방을 움직이는 힘이기 때문이다. 질문하는 힘, 즉 '질문력'이야말로 아이들이 미래 사회에 자신의 삶을 개척하고 많은 사람과 소통하는 가장 중요한 능력이다.

④ 질문은 꿈을 찾는 수단이다

질문은 꿈을 찾고 미래를 계획하는데 도움을 준다. 나는 원래 선생님이 되고 싶어서 대학에서 교육학을 전공했었다. 그런데 시간이 지날수록 그것이 내 길이 아니라는 생각이 들었다. 선생님은 그것을 직업으로 삼는 사람이기보다 천직으로 삼는 사람이 돼야 한다는 생각 때문이었다. 아이들을 진심으로 사랑하고 잘 성장하도록 돕겠다는 사명감 없이는 안 되는 길이었다.

그래서 스스로 질문을 던졌다. "내가 가장 재밌게, 잘할 수 있는 일은 무엇일까?"

마침 대학교 3학년 겨울방학에 학교에서 방송아카데미가 열렸고, 그 과정을 통해 방송작가가 되겠다는 결심을 했다. 질문을 통해 진로를 선회한 나는 13년 가까이 방송작가 일을 하면서 남다른 보람과 행복을 느꼈다. 하지만 일과 육아를 병행하기란 쉽지 않았다. 방송은 밤샘도 잦고, 내 계획대로 시간을 쓸 수 없는 직업이다 보니 주변의 도움 하나 없이 독박육아(?)를 하는 나로선 어려움이 많았다.

스스로에게 두 번째 질문을 던졌다. "그동안의 경험을 살리면서 출, 퇴근이 비교적 규칙적인 일은 무엇일까?" 이 질문 덕분에 서울시에서 홍보 콘텐츠 작가 일을 하게 되었다. "좀 더 나은 보수와 지위를 가질 수 있는 일은 없을까?"라는 질문 덕분에 홍보회사의 본부장을 지내기도 했다. 물론 주변의 도움이 있었고 운도 따랐기에 원할 때 원하는 일을 할 수 있었겠지만, 스스로에게 던진 질문들에 대한 답을 의지적으로 찾은 노력이 앞으로 나갈 수 있는 추진력이 된 것은 확실하다.

이후 "그동안의 글과 말에 대한 나의 경험과 지식을 바탕으로 좀 더 의미 있게 할 수 있는 일은 무엇일까?", "하루하루 아이들과 더불어 행복한 일은 무엇일까?"와 같은 질문을 던지다 보니 논술 디베이트 선생님이 되었다. 남들보다 책을 읽고 글을 써본 경험이 많으니 이런 경험을 동네 아이들에게 나눠주면 좋겠다는 생각이 들었기 때문이다.

아이들은 누가 자신을 사랑하고 좋아하는지 금세 알아차린다. 아이들 하나하나를 진심으로 대하고 사랑을 쏟다 보니 어느새 수업이 점점 늘었고, 아이들의 실력이 부쩍부쩍 성장하는 게 눈에 보인다.

요즘엔 또다시 질문이 고개를 든다. "아이들에게 재밌는 책을 더 많이 읽히려면 어떤 시스템이 필요할까?", "동네에 작은 도서관과 글쓰기, 토론 공간을 만들 방법은 없을까?", "내 경험을 사회에 환원할 수 있는 길은 무엇일까?" 등 질문이 꼬리를 물고 늘어진다. 아직도 질문이 내 꿈을 찾는 수단이라는 증거다.

생각을 춤추게 하는 질문

유대인 부모님들은 학교에 다녀온 자녀에게 절대 "오늘은 학교에서 뭘 배웠니?"라고 묻지 않는다고 한다. 대신 "학교에서 무엇을 질문했니?"라고 물어본단다. '질문을 했다'는 것은 수업에 집중했을 뿐 아니라 기존에 내가 가지고 있는 지식을 바탕으로 새로운 것을 받아들이기 위해 비교, 분석했다는 의미이고, 그런 과정에서 궁금한 것이 발생했다는 뜻이다. 따라서 "학교에서 무엇을 질문했니?"란 질문은 '단편적인 지식을 얼마나 더 보태왔냐'를 묻는 질문이 아니라 '얼마나 사고력을 키우고 즐겁게 공부했는지'를 묻는 말이다.

그래서 유대인 부모님들은 선생님이 자신의 아이를 얌전한 모범생이라고 칭찬하면 오히려 그것을 걱정스럽게 여긴다고 한다. 수업 시간에 수동적으로 조용히 있었다는 것은 그만큼 호기심이 없었고 선생님의 말씀을 무조건 받아들였다는 뜻이기 때문이다.

아이들에게 논술 지도를 하다 보면 종종 놀랄 때가 있는데 그중 하나가 "우리 담임 선생님은요, 질문을 싫어하세요. 어쩔 땐 '입닥 하고 그냥 외워!' 하실 때가 많아요."라는 이야기를 들었을 때다. 세상에 입을 닥치고 그냥 외우라니…. 아이들이 외우는 기계도 아니고, 이제 막 터지려는 생각의 싹을 싹둑 잘라버리는 일이 아닌가.

선생님의 입장을 이해 못 하는 것은 아니다. 그도 그럴 것이 학교에서 배우는 교과서 내용이 너무나 방대하다. 선생님 혼자 많은 아이를 상대로 제때 진도를 나가려니 질문을 받고 대답할 여유가 없다. 그러니 선생님이 칠판에 판서하며 수업을 하면 학생들은 그 내용을 받아쓰면서 주입식으로 지식을 쑤셔 넣을 수밖에 없다.

교실 안이 시끌벅적하고 질문이 그치지 않아야 '창의력 교육'도 가능하다. 유대인의 도서관, 예시바는 언제나 시끌시끌하다고 한다. 궁금한 것을 질문하고, 서로 토론하면서, 함께 배워나가기 때문이다. 교과서 진도에 급급해 아이들의 궁금증을 묵시해버리는 환경에서는 절대로 창의적인 인재가 나올 수 없다.

예전에 큰아이가 중학교에서 치른 시험지를 보고 정말 깜짝 놀랐다.

수십 년 전에 내가 치렀던 시험지와 별반 다를 바가 없었기 때문이다. 말을 살짝 바꿔 일부러 꼬아서 낸 문제도 여전했다. 교과서 구석구석을 그대로 외워야 풀 수 있는, 정답을 찾는 문제가 가득했다. 솔직히 그 어디에서도 아이의 '생각'을 묻는 문항은 찾아보지 못했다.

큰아이가 문제집을 풀면서 던졌던 질문으로 이어진 대화는 아직도 부끄러운 기억이다. 윤동주의 시 '새로운 길'의 주제를 묻는 문제였는데 정답은 '언제나 새길을 가고자 하는 굳은 의지'였다. '새길을 가고자 하는 희망'은 정답이 아니었다.

큰아이는 의아해했다. "엄마, 새길에 대한 희망이나 의지나 같은 뜻 아니야?"라고 묻는데 할 말이 떠오르지 않았다. 시험이 당장 코앞인지라 "엄마 생각에도 둘 다 맞는 말 같다. 윤동주 시인이 새길에 대한 간절한 염원과 희망을 담아서 의지적으로 표현한 것 같은데? 그런데 시험에서 점수를 잘 받으려면 주제를 외워야 할 것 같구나."라고 대답하면서 자괴감이 들었다.

논술과 디베이트를 가르치는 선생님도 교과서와 참고서를 그대로 외우란 말밖에 못 하니 참으로 안타까운 현실이다. 문득 한 유명 소설가가 자신이 쓴 소설을 갖고 낸 시험 문제를 하나도 맞히지 못했다는 얘기가 떠올랐다.

아이들에게 질문이 샘솟을 때가 사고가 열리고 확장되는 순간이다. 그것을 참거나 억지로 눌러버리면 호기심은 더 자라나지 못한다. 질문하는 아이, 시끄럽게 자기 생각을 표현하는 아이를 칭찬해야 한다.

좋은 질문 vs 나쁜 질문

아이가 선생님이나 부모님께 질문하는 것은 참으로 바람직하다. 친구들끼리 질문을 주고받는 것 역시 반가운 일이다. 하지만 선생님이나 부모님이 책에 관해서 아이에게 질문을 던질 때는 조심해야 한다. 독서 질문에는 좋은 질문과 나쁜 질문이 있기 때문이다.

'좋은 질문'이란 한 마디로 아이의 생각을 춤추게 하는 질문이다. 잔잔한 호수에 돌멩이를 던지면 파문이 일 듯, 고요한 아이의 생각에 신선한 자극을 주고 즐거움을 주는 질문이다. 그렇기 때문에 책의 내용을 확인하는 질문보다 아이의 생각을 끌어내는 질문이 좋은 질문이다. "네.", "아니오."로 대답할 수 있는 질문이 아니라 '육하원칙(누가, 언제, 어디서, 무엇을, 어떻게, 왜 했나)'을 활용해 아이의 생각을 충분히 표현할 수 있어야 한다.

예를 들어 책을 다 읽은 아이에게 "책 재밌었어?", "주인공은 착하니?", "주인공 마음은 이해가 가?"와 같이 "네.", "아니오."로 대답할 수 있는 질문을 던지는 것은 아이의 생각을 출렁이게 하지 못한다. 하지만 "그 책의 주인공은 너랑 어떤 점이 닮았고 어떤 점이 다르니?", "만약 네가 주인공이었다면 어떤 선택을 했을 것 같아?", "이 책의 후속 편이 나온다면 앞으로 어떤 이야기가 펼쳐질 것 같니?"와 같이 아이가 재밌게 상상해보고, 그것을 말이나 글로 풀어보게 하는 질문이 좋은 질문이다.

이런 질문 방법은 비단 독서에만 해당하는 게 아니다. 평소 부모님과 아이 사이의 대화에서도 적용할 수 있다. "단원평가는 몇 점 맞았니?", "학원 숙제는 다 했니?", "일기는 썼니?"와 같은 질문은 대화를 끌어내는 것이 아니라 아이의 마음을 무겁게 하기 쉽다. 친구의 성적을 묻는 질문도 불편하긴 마찬가지다. "아무개는 몇 점 받았어?"라는 질문에는 '네가 공부를 잘했으면 좋겠다.'는 의도가 여실히 들어가 있어서 아이의 마음을 닫게 할 뿐이다.

물리학자 아인슈타인은 "곧 죽을 상황에 부닥쳤고, 목숨을 구할 방법을 단 한 시간 안에 찾아야 한다면 어떻게 하겠느냐?"는 질문에 다음과 같이 답했다. "한 시간 중 55분을 올바른 질문을 찾는 데 사용하겠다. 올바른 질문을 찾고 나면, 정답을 찾는 데는 5분도 걸리지 않을 것이기 때문이다." 그렇다. 올바른 질문은 정답을 찾는 지름길이다.

책을 온전히 내 것으로 만들고 나아가 비판적, 종합적으로 생각하기 위해서는 '질문'이 중요하다. 주어진 사실을 그대로 받아들이지 말고 "왜?"라고 끊임없이 물어야 한다. 그래야 책에서 지식을 얻는 데 머무르지 않고 책을 뛰어넘어선 새로운 아이디어를 창조해낼 수 있는 인재로 자랄 수 있다. 그것이 이 시대가 요구하는 인재상이다.

0 5

질문 독서 단계별 질문법

독서를 할 때 질문을 던지면 좋다고 해서 무턱대고 아무 질문이나 던지면 오히려 분위기를 그르친다. 예를 들어 "책은 끝까지 읽었니?", "줄거리는 어떻게 되니?", "주요 갈등 요소가 뭐야?" 등의 질문은 아이의 말문을 닫게 만든다. 그렇다고 뜬금없이 철학적 사고를 필요로 하는 어려운 질문을 던져도 혼란스럽기는 매한가지다. 그렇다면 어떤 질문을, 어떻게 던져야 효과적일까?

다음은 아이의 생각을 조금씩 열게 만드는 단계별 질문법이다. 1단계에서 5단계까지 질문의 수위를 조금씩 높여가면서 아이의 생각에 불을 지펴보자. 작은 불씨도 끈기를 가지고 바람을 불어넣고, 불에 잘 탈 잔가지들을 넣어 주다 보면 큰 불이 될 수 있다. 생각의 불씨도 마찬가지다. 어르고 달래며 큰 불이 되도록 도와줘야 한다.

문학작품 단계별 질문 내용

1단계 **책의 내용 꼼꼼히 다지기**

단어의 뜻 찾기, 시간적 • 공간적 배경 찾기, 주인공의 특징 찾기, 소설의 구성단계(발단→전개→위기→절정→결말) 찾기 등으로 책의 내용 확인하며 다지기

2단계 **"나라면 어떻게 했을까?"**

주인공과 주변 인물들의 상황에 나를 대입해보기

3단계 **내용 뒤집어보기**

"주인공과 악역이 바뀌었다면?", "다른 사건이 일어났다면?", "배경이 과거 또는 미래로 바뀐다면?" 등의 질문으로 내용 뒤집어보기

4단계 **"저자는 왜 이런 책을 썼을까?"**

주제 찾기, 내가 생각하는 주제 대입해보기

5단계 **"이 책이 나에게 남긴 것은?"**

책을 읽기 전후 달라진 생각, 아이디어, 감정, 느낌 등 정리하기

1단계 질문은 책의 내용을 꼼꼼히 다지는 질문으로 보통 학교 국어 시간에 많이 다룬다. '단어의 뜻은 정확하게 알고 있는지', '줄거리 파악은 잘하고 있는지', '주인공이 가장 힘들거나 괴로운 순간(갈등)은 어디였는지' 등 책의 내용을 정확히 파악할 수 있도록 자극을 주는 질문이다. 가장 기초적인 질문이기 때문에 많은 시간을 할애할 필요는 없으나, 질문을 통해 아이 스스로 책 내용을 잘 이해할 수 있도록 도와준다.

2단계는 "나라면 어떻게 했을까?" 질문이다. '내가 주인공이라면 어떤 선택을 했을지', '책의 내용과 다르게 행동했다면 스토리가 어떻게 달라졌을지' 상상해보는 질문이다. 주인공이나 등장인물들과 '역지사지' 해보는 질문을 통해 타인에 대한 이해심도 넓힐 수 있다. 2단계 질문까지만 잘 대답해도 책의 내용을 어느 정도 잘 파악했다고 평가할 수 있다.

3단계는 내용을 살짝 비틀어보는 질문으로 관점을 달리해서 책의 내용을 다시 생각해보게 하는 것이다. 대부분 책 속의 주인공은 착하고 정의롭고 친절하다. 그런데 만약 주인공이 못되고 불의와 잘 타협하고 사람들에게도 불친절하다면 스토리가 어떻게 달라질까? '부모님은 자식에게 희생적이다.', '착한 사람은 복을 받고, 악한 사람은 벌을 받는다.'와 같이 나도 모르게 갖고 있던 고정관념들을 뒤집어본다면? 비판적 사고와 더불어 책 자체를 창의적으로 다시 생각해볼 수도 있다.

논술 디베이트 수업 시간에 가장 많은 시간을 할애하는 질문도 바로 이 3단계 질문이다. 내가 당연하다고 생각했던 생각을 뒤집어보고 꼬아보고 비틀어보면서 논리력도 키우고 생각하는 힘도 다질 수 있다.

4단계 질문은 "저자는 왜 이런 책을 썼을까?"이다. 다시 말해서 저자가 이 책을 통해 독자들에게 하고 싶은 말이 무엇인지 생각해보는 시간이다. '주제 찾기'라고도 한다. 국어 시간에 1단계 질문과 더불어 꼭 하는 질문이 바로 이 4단계 질문인데, 내가 이 질문을 굳이 4단계에 넣은 이유는 2단계, 3단계 질문을 거쳐 생각을 숙성해야 작가의 의도를 더 잘 파악할 수 있기 때문이다. '주인공 성격을 왜 이렇게 정했는지', '배경을 왜 그 시대로 했는지' 충분히 생각해봐야 작가가 뭘 말하고 싶었는지 제대로 이해할 수 있다.

5단계 질문은 "이 책이 나에게 남긴 것은?"이다. 다섯 단계 질문 중에서 가장 중요한 내용이기도 하다. '책을 읽기 전, 후 달라진 감정이나 생각이 있는지', '새롭게 배운 점이 있는지', 나아가 '내가 작가라면 어떻게 표현했을지' 등 4단계 '주제 찾기'를 뛰어넘어 '책이 나에게 던진 의미'를 파악해보는 질문이다. 5단계 질문에 대한 답을 정리하면 바로 훌륭한 '독후감'이 된다.

질문을 꼭 1단계에서 5단계까지 순차적으로 할 필요는 없다. 1단계 책의 내용을 이야기하다가 5단계 질문인 '그 내용이 나에게 준 의미'로 건너뛸 수도 있다. 중요한 것은 책을 읽은 아이의 대답에 맞춰서 다음 질문을 던져야 한다는 것이다. 선생님이나 부모님은 아이의 대답에 어떻게 꼬리를 물어 다음 질문을 던질지를 고민하면서 아이와 대화를 이어나가야 한다.

소크라테스(Socrates)는 기원전 5세기와 4세기에 대화를 통해 제자들을 가르쳤다. 그 당시 모두가 옳다고 믿는 생각에 의문을 품고, '내가 무지하다'는 진실을 찾을 수 있도록, 사물의 본질을 명확하게 꿰뚫어 볼 수 있도록, 질문에 질문을 던졌다. 자신을 '진리를 낳게 도와주는 산파'에 비유하기도 했다.

질문 독서의 핵심도 마찬가지다. 책을 읽은 아이들이 자신만의 의미를 찾을 수 있도록 선생님과 부모님이 질문을 던져줘야 한다.

초등 1, 2학년 단계별 질문법 예시 : "백설 공주"

다음은 초등 1, 2학년에게 적합한 질문 독서의 구체적인 질문 내용이다. 모두가 다 아는 "백설 공주"를 가지고 어떻게 단계별 질문을 만들 수 있는지 다음 예시를 참고해보자.

<**1단계 질문** - 책의 내용 꼼꼼히 다지기>

Q. "백설 공주"에서 '백설'의 뜻은? 우리가 좋아하는 백설기와 비슷할까?

Q. 백설 공주가 궁궐에서 쫓겨나게 된 이유는?

Q. 계모 왕비가 매일 거울을 들여다보며 하는 일은?

Q. 백설 공주가 궁궐을 떠나 숲 속에서 살게 된 계기는?

Q. 백설 공주가 만난 일곱 난쟁이들은 어떤 직업을 갖고 있나?

Q. 계모 왕비는 백설 공주를 해치기 위해 어떤 방법을 사용하나?

Q. 쓰러진 백설 공주가 다시 살아나게 된 이유는?

Q. "백설 공주"의 결말은?

<**2단계 질문** - 나라면 어떻게 했을까?>

Q. 내가 백설 공주라면 못된 계모가 왕비가 되었을 때 어떻게 행동했겠나?

Q. 내가 만약 계모 때문에 죽을 뻔했다면 심정이 어땠을까?

Q. 백설 공주는 왜 궁궐을 되찾기 위해 다시 돌아갈 생각을 하지 않았을까?

Q. 일곱 난쟁이의 집을 찾았을 때 나라면 무엇부터 했을까?

Q. 내가 일곱 난쟁이라면 갈 곳 없는 백설 공주를 어떻게 도와주겠나?

Q. 내가 백설 공주라면 변장을 하고 찾아온 계모 왕비에게 어떻게 행동했을까?

Q. 나라면 잠든 내게 입을 맞춘 왕자님을 첫눈에 사랑할 수 있을까?

<3단계 질문 - 내용 뒤집어보기>

Q. 주인공이 백설 공주가 아닌 흑설 공주였다면 어땠을까?

Q. "백설 공주", "신데렐라", "콩쥐 팥쥐" 등의 이야기에서 계모가 늘 나쁘게 표현되는 이유는 무엇일까?

Q. 계모 왕비는 왜 그렇게 세상에서 가장 아름답기를 바랐을까?

Q. 왕비에게 백설 공주를 죽이겠다고 약속했던 사냥꾼은 백설 공주를 숲 속에서 도망치게 도와준다. 약속을 어기고 거짓말을 한 사냥꾼은 잘못한 것일까?

Q. 백설 공주가 찾아간 곳이 왜 하필 난쟁이의 집이었을까? 거인의 집이나 요정의 집일 수도 있지 않았을까?

Q. 난쟁이는 왜 하필 일곱 명이 있었을까?

Q. 백설 공주는 난쟁이들이 조심하라고 당부했음에도 불구하고 낯선 사람을 집 안으로 끌어들인다. 그것도 세 번이나 속는다. 이를 통해 백설 공주의 성격을 유추해본다면?

Q. 일곱 난쟁이는 왜 쓰러진 백설 공주를 땅에 묻지 않고, 유리관에 넣었을까?

Q. 숲 속에서 잠자고 있던 백설 공주에게 입을 맞춘 왕자의 행동을 어떻게 생

각하는가?

Q. 잠에서 깨어난 백설 공주는 왜 왕자를 따라갔을까?

Q. 백설 공주가 왕자와 함께 궁궐에서 사는 것은 행복한 일일까?

<**4단계 질문** - 저자는 왜 이런 책을 썼을까?>

Q. "백설 공주"는 유럽에서 입에서 입으로 전해지던 구전동화를 독일의 작가인 그림 형제가 어린이들 눈높이에 맞게 바꿔서 쓴 이야기이다. 그림 형제가 백설 공주 이야기를 선택해 각색한 이유는 무엇일까?

Q. 그림 형제는 "백설 공주"를 통해 아이들이 무엇을 느끼길 바랐을까?

Q. "백설 공주"는 디즈니에서 만화 영화로 만들기도 했고, 다양한 공연으로도 제작되었다. "백설 공주"가 이처럼 많은 사람에게 인기를 끈 이유는 무엇일까?

<**5단계** - 이 책이 나에게 남긴 것은?>

Q. "백설 공주" 이야기 중에 가장 재밌었거나 인상적이었던 부분을 이유와 함께 말해본다면?

Q. 백설 공주는 착하고, 사람을 잘 믿으며, 부지런한 인물로 나온다. 그렇다면 백설 공주가 지금 우리 옆에 있다면 어떨까?

Q. 대부분의 "백설 공주" 동화책은 "백설 공주는 멋진 왕자를 만나 행복하게 살았습니다."로 끝난다. 여러분은 진정한 행복이 어디에 있다고 생각하는가?

Q. 내가 만약 작가라면 "백설 공주"의 뒷이야기를 어떻게 써볼 수 있을까?

초등 3, 4학년 단계별 질문법 예시 : "아주 특별한 우리 형"

다음은 초등학교 3, 4학년이 읽으면 좋은 "아주 특별한 우리 형"(고정욱, 대교북스주니어)의 단계별 질문이다. 자신이 외동아들인 줄 알고 살아온 주인공 종민이에게 어느 날 갑자기 뇌성마비로 몸이 불편한 장애인 형 종식이가 나타난다. 부모님의 사랑을 뺏겼다고 느낀 종민이는 가출할 만큼 형을 미워하지만 진실한 형의 모습에 서서히 마음을 열고 끈끈한 형제애를 느끼게 된다.

<**1단계** - 책의 내용 꼼꼼히 다지기>

Q. 종민이에게 어느 날 갑자기 종식이라는 형이 생겼다. 종식이 형이 여느 다른 형들과 다른 점은?

Q. 종식이 형이 집에 온 이후 종민이의 삶에 생긴 변화는?

Q. 종식이 형은 마을에서 유명 인사가 된다. 무엇 덕분이었나?

Q. 종민이는 가출 후 청량리역에서 무서운 일을 겪었다. 어떻게 구출되었나?

Q. 종식이 형이 발작을 일으킨 이후 혼자서 식사도 못할 만큼 상태가 더 나빠졌다. 그런데도 가족들 모두 불편함을 느끼지 못한 이유는?

Q. 종식이 형이 TV에 나오게 된 계기는?

Q. 종식이 형이 개발한 프로그램 내용은?

Q. 종식이 형이 개발한 프로그램은 비싼 가격에 팔릴 수도 있었지만, 종식이 형은 프로그램을 무료로 회사에 넘긴다. 그 이유는?

<**2단계** - 나라면 어떻게 했을까?>

Q. 외동인 줄 알고 살아오던 나에게 어느 날 갑자기 장애인 형제가 생긴다면 어떤 심정이 될까?

Q. 부모님이 종식이 형만 챙겨서 종민이는 섭섭함을 많이 느낀다. 나라면 이럴 때 어떻게 행동하겠나?

Q. 내가 만약 종식이라면 자기 때문에 동생 종민이가 가출을 했을 때 어떤 마음이 들었을까?

Q. 길거리에서 종식이 형을 불쌍하게 쳐다보는 할머니, 돈을 건네는 아저씨를 만났을 때 나라면 어떻게 행동했을까?

Q. 내가 만약 영란이라면 종식의 모습을 봤을 때 어땠을 것 같나?

Q. 내가 만약 종민이라면 종식이 형이 타고 있는 휠체어가 위험하게 굴러가고 있을 때 어떻게 했을까?

<**3단계** - 내용 뒤집어보기>

Q. 종식이 형은 태어나서 얼마 지나지 않아 고모할머니의 손에서 길러진다. 부모님이 이 사실을 종민이에게 숨긴 이유는 무엇인가?

Q. 종식이 형은 컴퓨터 채팅을 통해 영란이라는 여자 친구를 사귀면서 자신이 어느 정도 심각한 장애를 가졌는지 말하지 못한다. 이것은 형이 영란이를 속인 것일까? 왜 그렇게 생각하는지 이유와 함께 대답해보라.

Q. 길거리에서 종식이 형을 본 어떤 아저씨는 돈을 건네기도 한다. 순수하게 도와주려 했던 아저씨의 행동을 잘못했다고 평가할 수 있나?

Q. 누군가를 돕는 행위는 늘 옳은 일일까?

Q. 종식이 형은 자꾸 자신을 신기하게 쳐다보는 사람들을 보며 "장애인들을 바깥에 못 나오게 하는 여러 가지 여건이 문제다."라고 말한다. 여러분이 생각했을 때 장애인들을 바깥에 나오지 못하게 막는 여건에는 무엇이 있는가?

Q. 종식이 형은 장애를 갖고 있지만 컴퓨터 프로그램도 개발하고, 글도 잘 쓴다. 사람을 평가할 때 중요한 요소는 무엇일까?

<4단계 - 저자는 왜 이런 책을 썼을까?>

Q. '작가의 말'에서 고정욱 작가는 본인을 장애인으로 소개하면서, 자신이 실제로 겪은 일과 주변의 장애인 친구들을 바탕으로 이 책을 썼다고 밝히고 있다. 작가는 이 책을 통해 어떤 이야기를 하고 싶었던 것일까?

Q. 이 책은 복지관에서 지내게 된 종식이 형을 다시 집으로 데려오면서 해피엔딩으로 끝나게 된다. 이후 어떤 이야기가 이어질까?

<5단계 - 이 책이 나에게 남긴 것은?>

Q. 종식이 형은 누구에게나 자신이 짊어져야 할 십자가가 있고, 자신의 십자가는 장애라고 말한다. 여러분에겐 어떤 십자가가 있나?

Q. 힘들고 어려운 십자가는 늘 나쁘기만 할까? 인생에 어떤 의미가 있을까?

Q. 이 책을 읽기 전, 후 '장애인'에 대해 바뀐 생각이나 감정이 있다면?

Q. 장애인들도 다 함께 행복한 세상을 위해 어떤 노력과 변화들이 필요할까?

초등 5, 6학년 단계별 질문법 예시 : "몽실언니"

다음은 초등학교 5, 6학년이 읽으면 좋은 "몽실언니"(권정생, 창비)에 관한 단계별 질문이다. 이 책은 해방 직후 가난한 시골 마을에 살던 몽실이가 재혼한 어머니를 따라 새아버지 집으로 옮겨가 사는 것으로 시작한다. 새아버지의 구박으로 절름발이가 된 몽실이는 이후 돌아온 친아버지 집에서 살면서 새어머니가 낳은 난남이를 혼자 기르며 전쟁과 가난을 극복해 나간다.

<**1단계** - 책의 내용 꼼꼼히 다지기>

Q. 몽실의 어머니, 밀양댁이 돈 벌러 떠난 아버지를 두고 재혼한 이유는?

Q. 몽실이가 절름발이가 된 원인은?

Q. 새어머니 북촌댁이 "나는 죄를 지은 사람이다."라고 말한 이유는?

Q. 북촌댁이 낳은 아이를 '난남이'라고 이름 지은 까닭은?

Q. 마을을 찾은 인민군 청년이 태극기를 불태워버린 속뜻은?

Q. 북촌댁이 난남이를 낳고 죽자 의지할 데 없는 몽실이는 결국 어머니 집으로 간다. 1년 후 다시 어머니와 헤어지게 된 이유는?

Q. 전쟁터에 나갔던 아버지는 3년 만에 어떤 모습으로 돌아오나?

Q. 몽실이가 아픈 아버지를 모시고 부산까지 내려간 이유는?

Q. 몽실이와 난남이는 왜 이별하게 되었나?

Q. 30년 후 몽실이와 동생들은 각각 어떻게 살게 되었나?

<2단계 - 나라면 어떻게 했을까?>

Q. 몽실이는 어머니가 돈 벌러 나간 아버지를 기다리지 않고 재혼하는 바람에 새 아버지 집에서 살게 된다. 내가 몽실이라면 어떤 심정이 들었겠나?

Q. 고모가 찾아와 아버지에게 돌아가자고 했을 때 나라면 어떤 결정을 내렸을까?

Q. 북촌댁이 난남이를 낳고 돌아가셨을 때, 몽실이 아버지는 전쟁에 나가고 없었다. 나라면 난남이를 어떻게 했을까?

Q. 읍내 최 씨네 식모살이를 하게 된 몽실이는 시장 쓰레기통에 버려진 검둥이 아기를 발견한다. 지나가던 사람들은 침을 뱉고 업신여기지만 몽실이는 "누구라도 배고프면 화냥년도 되고 양공주가 된다."라고 말한다. 어떤 심정에서 이런 말을 한 것일까?

Q. 전쟁터에 나간 지 3년 만에 돌아온 아버지는 몸이 성치 않았다. 일을 할 수 없었던 아버지를 두고 몽실이는 결국 구걸을 한다. 만약 나라면 어떻게 이 고비를 넘어섰을까?

Q. 아버지가 돌아가시자 몽실이는 서금년 아주머니 네로 간다. 서금년 아주머니가 무슨 일을 하는지 알게 되었을 때 어떤 마음이었을까?

Q. 부모님 대신 암죽을 끓여가며 키운 난남이가 부잣집에 입양된다고 좋아했을 때 몽실이의 심정은 어땠을까?

Q. 결혼 안 하고 혼자 살겠다고 말하던 몽실이가 꼽추랑 결혼한 이유는 무엇일까?

<3단계 - 내용 뒤집어보기>

Q. 전쟁 통에 만난 인민군 여자는 몽실이가 "왜 인민군은 국군을 죽이고, 국군은

인민군을 죽이냐?"라고 묻자, "사람은 누구나 사람으로 만났을 때는 다 착하게 사귈 수 있다. 신분이나 지위나 이득을 생각해서 만나면 나쁘게 된다."라고 말한다. 이 말의 뜻은?

Q. 이 책에서는 마을에 인민군에 들어오면 국군을 도와준 사람을 처형하고, 국군이 들어오면 인민군을 도와준 사람을 처형한다. 노루실 마을의 까치바윗골 할아버지도 공비가 된 아들을 위해 먹을 것을 주었다고 잡혀서 결국 숨졌다. 같은 마을 사람들끼리 무엇을 위해 서로를 고발하고 처형했을까?

Q. 노루실 마을의 한글학교에서 최 선생님은 "남북이 갈라져서 서로 다투고 있는 것도 과연 남의 꼭두각시놀음이 아닌, 제 스스로의 생각을 주장하고 있는지 알아봐야 한다."라고 말한다. 최 선생님은 남한과 북한이 각각 누구의 꼭두각시놀음을 한다고 생각한 것일까?

Q. 몽실이의 어머니는 보국대에 끌려간 새아버지가 돌아오기를 기다리면서 산다. 그러면서 "여자라는 건 남편과 먹을 것이 있어야 살아갈 수 있단다."라고 말한다. 몽실이 어머니는 왜 이런 생각을 하게 되었을까?

Q. 전쟁이 일어나자 죄 없는 많은 사람이 다치고 숨졌다. 그렇다면 이런 전쟁은 왜 일어나는 것일까?

<**4단계** - 저자는 왜 이런 책을 썼을까?>

Q. 권정생 선생님 자신도 해방과 한국전쟁을 몸소 겪었으며, 평생을 가난과 병마에 시달리며 사신 분이다. 어쩌면 '몽실이'라는 주인공 모습 속에 권정생 선생님 경험과 생각이 담겨있을지도 모른다. 권정생 선생님은 몽실이를 통해 무엇을 보

여주고 싶었을까?

Q. 이 책에는 몽실이뿐 아니라 몽실이 어머니, 아버지, 동생들, 인민군, 서금년 아주머니 등 다양한 인물이 등장한다. 각각의 인물들은 처한 환경이 모두 다르기 때문에 각기 다른 인생을 살아간다. 그렇다면 환경은 사람에게 어떤 영향을 미치는 것일까?

Q. 권정생 선생님이 '전쟁'이라는 극한 환경을 소설의 배경으로 삼은 이유는 무엇일까?

<5단계 - 이 책이 나에게 남긴 것은?>

Q. 몽실이는 어려움 속에서도 다른 사람을 탓하거나 원망하지 않고 묵묵히 자신의 삶을 살아간다. 이를 통해 여러분이 배운 점은?

Q. 이 책을 읽고 나서 전쟁과 가난에 대해서 달라진 생각이 있다면?

Q. 아직도 지구 반대편에서는 전쟁과 가난으로 숨지는 사람들이 많다. 그들에게 우리는 어떤 생각을 가져야 할까?

중학교 1, 2학년 단계별 질문법 예시 : "에네껜 아이들"

다음은 중학교 1, 2학년이 읽으면 좋은 "에네껜 아이들"(문영숙, 푸른책들)에 대한 단계별 질문 내용이다. "에네껜 아이들"은 구한말, 일본인의 농간에 멕시코 농장으로 팔려가 노예처럼 살았던 조선인들의 삶을 담은 이야기로 백정, 거지, 약방 심부름꾼에서부터 황족 양반에 이르기까지 각기 다른 사연을 가진 사람들이 고향으로 돌아오지 못한 채 낯선 땅, 멕시코에서 서로를 의지하며 살아가는 이야기다.

<**1단계** - 책의 내용 꼼꼼히 다지기>

Q. 1905년, 1,030명의 조선인은 제물포에서 일포드 호를 타고 멕시코로 향한다. 이들이 고향을 떠나 멕시코로 간 이유는?

Q. 한 달 반 만에 도착한 멕시코 농장에서 조선인들이 한 일은?

Q. 조선인들은 4년 동안 품삯도 제대로 받지 못한다. 왜 그랬나?

Q. 로페즈 감독은 농장 일에 방해가 된다며 조선인들의 상투를 모두 자른다. 이에 조선인들은 눈물로써 항의하는데 어떤 심정에서였나?

Q. 옥당 대감은 조선인을 대표해 멕시코 농장의 불합리함을 알리는 편지를 써서 임금님께 보낸다. 하지만 그 편지는 끝내 도착하지 못한다. 그새 조선에 어떤 변화가 생겼기 때문인가?

Q. 조선에서 아쉬울 게 없던 황족 출신의 옥당 대감이 굳이 멕시코로 떠나온 이유는 무엇인가?

Q. 덕배 아저씨가 멕시코로 오면서 꼭 이루고자 했던 꿈은 무엇인가?

Q. 윤재는 "난 아버지처럼 살지 않을 거예요. 양반이 아무것도 아니란 걸 아버지에게 보여주고 말 거예요."라고 말한다. 윤재가 평생 존경하던 아버지에게 이러한 감정을 갖게 된 이유는?

Q. 야스체 농장에서의 계약 기간이 끝나고 조선인들은 다 함께 메리다로 옮겨온다. 조선으로 돌아갈 수 없었던 이들이 선택한 삶은?

<2단계 - 나라면 어떻게 했을까?>

Q. 야스체 농장에서 덕배 아저씨는 일을 못 하는 윤재를 보며 "조선 사람끼리 돕자. 우리가 어저귀를 조금씩 떼어서 윤재 몫으로 해주자."라고 말한다. 만약 나라면 이러한 덕배 아저씨의 제안에 뭐라고 대답하겠나?

Q. 로페즈 감독은 조선인들을 채찍으로 감독하고 몹쓸 짓을 일삼는다. 만약 나라면 이런 불의에 어떻게 행동하겠나?

Q. 옥당 대감의 아들, 윤재는 부족함 없이 곱게 살다가 멕시코에서 전혀 다른 삶을 살게 된다. 내가 만약 윤재라면 무엇이 가장 힘들었겠나?

Q. 덕배는 마음속에 품었던 윤서를 떠나보낸 후 가슴 아파한다. 내가 만약 덕배라면 어떤 심정이 들었겠나?

Q. 내가 만약 멕시코에 팔려간 조선인이었다면 등장인물 중 누구와 가장 비슷하게 살아갔을 것 같나? 그 이유는?

<3단계 - 내용 뒤집어보기>

Q. 이 책의 주인공은 지체 높은 옥당 대감과 그의 가족이 아니다. 오히려 감초 아저씨 부부, 덕배 아저씨 부자, 거지 출신 봉삼이 등 천대받던 사람들이다. 저자는 왜 이렇게 일반 백성들을 주인공으로 앞세웠을까?

Q. 만약 옥당 대감과 그의 가족이 주인공이 됐다면 스토리가 어떻게 달라졌을까?

Q. 이 책에서는 조선 시대에 가장 천대받던 백정 출신의 덕배 아버지와 가장 존경받던 황족 출신의 양반 옥당 대감이 끊임없이 비교된다. 양반의 어떤 모습을 비판하려는 의도였나?

Q. 야스체 농장에서 조선인들은 어려움이 생길 때마다 힘을 합쳐서 극복해냈다. 만약 각자 개인의 이익과 욕심을 앞세웠다면 어떻게 됐을까?

Q. 조선인들은 메리다에서 고향으로 돌아가기 위해 노력한다. 만약 한일합방이 이뤄지지 않고 이들이 고향으로 돌아가게 됐다면 각각 어떤 삶을 살게 되었을까?

<4단계 - 저자는 왜 이런 책을 썼을까?>

Q. 책 속에서 윤재는 덕배에게 "형, 난 아버지를 보면 조선의 운명처럼 느껴져. 존재하면서도 존재의 의미를 잃고, 말도 못 하고, 주장도 못 하고, 벙어리 같은 운명…." 여기서 작가가 양반의 운명과 조선의 운명을 닮았다고 표현한 이유는 무엇인가?

Q. 구한말 멕시코로 간 조선인들은 이민을 떠난 게 아니라, 노예로 팔려간 것이나 다름없었다. 나라가 힘이 없으면 국민이 어떻게 되는가?

Q. 이 책은 멕시코로 이주한 조선인들이 힘을 합쳐 '메리다 조선인 학교'를 세우면서 끝난다. '메리다 조선인 학교'가 의미하는 바는 무엇인가?

<**5단계** - 이 책이 나에게 남긴 것은?>

Q. 덕배 아저씨, 감초 아저씨의 모습을 통해 배울 수 있는 점은 무엇인가?

Q. 어려운 처지와 상황을 극복하게 만드는 힘은 무엇인가?

Q. 존경받는 사람들은 어떤 사람들인가?(지위나 신분, 사람 됨됨이, 성실성 등)

Q. 구한말 멕시코뿐 아니라 러시아, 만주 등지로 흩어졌던 조선인들과 그의 후손들을 우리는 어떻게 기억해야 하는가?

Q. 우리 주변에는 해외에서 온 이주노동자들이 많다. 100여 년 전 멕시코로 떠난 조선인들과 닮은 모습이다. 그렇다면 우리는 해외 이주노동자들을 어떻게 대하는 게 바람직한가?

이처럼 '질문 독서'는 단순히 책의 내용만 확인하는 게 아니라 내가 주인공이 돼 보고, 뒤집어 거꾸로 생각해보며, 작가의 입장이 돼 보는 질문을 던지는 것이다. 물론 독후 활동으로 여기에 제시한 수십 개의 질문을 모두 던지라는 것은 아니다. 책을 읽은 아이에 따라, 필요에 따라 질문의 내용을 선택하면 된다. 위의 질문 목록은 일종의 질문 은행인 셈이다. 수업에 활용하는 질문의 개수는 보통 10개 내외면 충분하다.

다만, 아이들의 대답을 들으면서 그 대답에 고리를 걸어 다시 질문하고, 다음 대답에 다시 고리를 걸어 질문함으로써 아이들 생각을 다각도로 자극해줄 필요가 있다. 소크라테스의 질문법처럼 아이들이 끊임없이 생각해볼 수 있기 때문이다.

질문 독서로 쓴 독후감 예시 : "아주 특별한 우리 형"

'질문 독서'는 독후감을 쓸 때도 좋은 길잡이가 된다. '질문'에 대한 '내 생각'이 바로 독후감의 주요 내용이기 때문이다. 질문 독서를 할 때 가장 재밌었던 질문들을 뽑고 그에 대한 나의 답을 정리하여 쓰면 된다.

한 가지 주의할 점은 문단 나눠 쓰기다. 비슷한 이야기는 한 문단 안에 묶고, 다른 이야기를 쓸 때는 다음 문단으로 옮겨 써서 구분해야 한다. 문단을 구별하지 않고 쓰면 내용이 뒤죽박죽 엉켜서 읽는 사람이 글 쓴 사람의 생각을 이해하기 힘들다. 문단 나눠 쓰기만 잘해도 글쓰기의 절반은 통달한 셈이다.

다음은 초등학교 4학년 진형이가 "아주 특별한 우리 형"(고정욱, 대교북스주니어)을 질문 독서를 통해 읽은 후 쓴 독후감이다.

"아주 특별한 우리 형"을 읽고

방진형

외동인 줄 알고 살아온 종민이에게 어느 날 종식이 형이 나타난다. 종식이 형은 뇌성마비를 앓아 몸이 불편한 장애인이다. 갑자기 종식이 형과 함께 살게 된 종민이는 부모님이 형만 챙기고 형 편만 들자 가출을 한다. 이후 청량리역에서 나쁜 형들에게 납치될 뻔한 큰일을 겪은 종민이는 다시 집으로 돌아오게 되고, 형과 함께 지내면서 차츰 형을 좋아하게 된다. 나중에는 휠체어를 타고 굴러가는 형을 대신해 다칠 만큼 형을 위하는 동생이 된다. ⋯➝ 1단계 질문에 대한 대답

사실 나라도 어느 날 갑자기 장애인 형이 생기면 기분이 이상할 것 같다. 게다가 부모님이 형만 신경 쓰면 더 섭섭하고 속상할 것 같다. 그래도 가출은 좀 심했다. 세상에 무서운 사람이 얼마나 많은데 겁도 없이 가출을 하다니⋯. ⋯➝ 2단계 질문에 대한 대답

하지만 부모님께서 일찌감치 형의 존재를 종민이에게 말해줬으면 어땠을까 싶다. 사정이야 있으셨겠지만 마음의 준비도 없이 형을 갑자기 만났을 때 종민이가 어떨지에 대해서는 배려가 없으셨다. 종민이더러 형에게 잘 해주라고 자꾸 야단만 치신 것도 종민이 가슴에 상처를 주는 일이었다. 종민이를 잘 다독여주셨다면 종민이가 형에 대해서도 더 빨리 마음을 열었을 것 같다. ⋯➝ 3단계 질문에 대한 대답

종민이가 형이랑 산책할 때 자꾸 쳐다보는 할머니와 돈을 건네는 아저씨를 만나는 장면이 기억에 남는다. 종민이는 자기 형제를 불쌍한 거지로 보는 거냐며 화를 낸다. 솔직히 나도 장애인을 보면 자꾸 시선이 갔던 게 사실이다. 나쁜 의도가 있어서가 아니고 그냥 나랑 다른 모습이 신기하고 이상해서 자꾸 쳐다보게 되었다. 그럴 때마다 장애인들은 얼마나 불편하고 싫었을까. ⋯➝ 3단계 질문에 대한 대답

책 속에서 "장애인이 도와달라고 말할 때만 도와야 한다."라고 하면서 "장애는 안경을 쓰거나 피부가 까맣거나 코가 납작한 것과 같이 그 사람의 특성일 뿐 불쌍하게 여겨야 할 일은 아니다."라고 했는데, 정말 많은 것을 느끼게 한다. 장애인도 우리랑 똑같은 사람이고, 몸이 불편한 것만 빼면 더 훌륭한 능력을 갖췄을 수도 있다. ⋯➝ 4단계 질문에 대한 대답

이 책에서 종식이 형은 '누구에게나 짊어져야 할 십자가가 있고, 자신의 십자가는 장애'라고 말했다. 그렇다면 나에겐 어떤 십자가가 있을까? 지금 당장은 학원 숙제가 떠오른다. 해도 해도 끝이 안 나는 학원 숙제. 종식이 형처럼 멋지게 그 십자가를 잘 짊어질 수 있을까? 자신의 불편한 몸을 탓하지 않고, 자신의 능력을 개발해 자유키 프로그램을 만든 종식이 형. 종식이 형은 장애인들을 위해 그 프로그램을 공짜로 업체에 넘긴다. 자신의 십자가를 오히려 다른 사람을 위하는 데 쓴 종식이 형이 정말 대단하다고 생각한다. ⋯→ 5단계 질문에 대한 대답

독서가 단순히 지식을 습득하는데 끝나지 않고 생각을 춤추게 하고, 창의적이고 독창적인 아이디어를 떠오르게 하려면 독서에 '질문'이 더해져야 한다. 질문은 생각을 자극하고 확장하며, 수동적인 자세를 능동적인 자세로 바꾸어주기 때문이다. 또한 제대로 된 질문 독서는 독후감의 좋은 길라잡이가 된다.

질문 독서의 힘은 궁극적으로 토론을 통해 구현될 수 있다. 토론은 내 생각과 주장을 근거와 예시를 들어서 논리적으로 제시하는 게 중요한데 이 논리적 사고가 바로 질문 독서를 통해 길러질 수 있기 때문이다. 이렇듯 질문 독서와 토론은 떼려야 뗄 수 없는, 동전과 앞뒷면과 같은 관계다.

Part 4

실전 디베이트 수업

“

이제는 질문 독서를 통해 다져진 사고력을 바탕으로 ‘디베이트’를 해볼 차례다. 앞서 소개한 대로, 아이들의 논리적 사고 향상을 위해 만들어진 ‘퍼블릭 포럼 디베이트’는 찬반이 확실한 주제를 가지고, 청중들 앞에서, 두 사람 이상의 사람이 서로 반대되는 입장을 개진하는 ‘형식이 분명한 토론’이다. 따라서 디베이트 수업을 위해서는 좋은 주제가 필요하고, 반드시 두 사람 이상의 토론자가 있어야 한다. 그리고 이 모든 과정을 부모님이나 선생님이 조력자로서 함께해야 수업이 효과적으로 이루어진다.

‘퍼블릭 포럼 디베이트’ 수업은 결코 어려운 수업이 아니다. 오히려 형식이 분명해서 방법만 숙지한다면 선생님이나 아이들 모두 디베이트를 즐길 수 있다. ‘퍼블릭 포럼 디베이트’ 형식 하나만 제대로 익혀도 아이들은 다른 형식의 토론까지 잘할 수 있다. 형식은 달라도 결국 중요한 핵심은 ‘논리적으로 내 생각을 펼치는 것’이기 때문이다. 맛있는 음식은 어느 그릇에 담아도 맛있다. 마찬가지로 논리적인 생각은 어떤 형식의 토론에서도 빛을 발한다.

”

01
디베이트 수업 준비하기

아이가 디베이트 수업에 익숙해질 때까지는 부모님이나 선생님의 노력이 필요하다. 디베이트에서 가장 중요한 것은 우리 아이들이 다양한 관점에서 생각해보고, 대안을 고민해볼 수 있는 좋은 주제를 찾는 일이다. 또한, 서로 시너지를 낼 수 있는 디베이트 팀을 꾸려주고 아이들 스스로 디베이트를 준비할 수 있도록 격려하는 것이다. 디베이트가 일상으로 자리 잡으면 어떤 주제를 마주해도 흥미를 느낀다. 더불어 디베이트 실력도 일취월장한다.

4장에서는 앞서 1장에서 개략적으로 설명한 '퍼블릭 포럼 디베이트'

를 실제 수업에서 어떻게 구현하는지, 구체적인 방법을 소개할 것이다. 단계별로 상세한 설명을 곁들였으니 아이들에게 디베이트를 가르치고자 한다면 바로 수업에 적용할 수 있을 것이다.

디베이트 수업 준비 : 1단계

디베이트 주제 정하기

① 디베이트를 시작하기 좋은 주제

처음 디베이트를 시작할 때는 쉽고 재밌는 주제가 적합하다. 나는 보통 첫 수업에서 '개고기 먹는 문화는 허용해야 한다.'를 주제로 삼는다. 대부분의 아이가 동물 관련 주제를 좋아하기 때문이다. 그밖에 '동물실험은 금지되어야 한다.', '유기견 안락사는 없어져야 한다.', '동물 대여업을 허용해선 안 된다.' 등 아이들의 관심을 끌 수 있는 동물 관련 주제들이 디베이트를 시작하기에 좋다.

디베이트는 지금보다 좀 더 나은 세상을 모색해본다는 의미가 있기 때문에 현재 상황과 반대되는 것으로 주제를 정한다. 예를 들어, 우리나라에서는 안락사가 허용되지 않으니 반대로 '인간의 안락사는 허용돼야 한다.'로 정하는 식이다.

학교와 관련된 주제도 아이들이 디베이트에 익숙해지기 좋은 주제다. '학교에서 일기 검사를 하지 말아야 한다.', '수학 시간에 계산기 사용을 허용해야 한다.', '남학생과 여학생은 분반해야 한다.', '교내에서 스마트폰 사용을 자유롭게 해야 한다.' 등 평소 학교에서 고민해볼 만한 다양한 주제가 모두 디베이트의 주제가 될 수 있다. '학생들의 화장, 염색은 제한되어야 한다.', '학교 운동장이나 강당을 주민에게 개방해야 한다.', '대학처럼 학생들이 수업 시간표를 스스로 짤 수 있게 해야 한다.' 등 학교 정책과 관련한 주제도 아이들이 즐겁게 도전한다.

나아가 초등학교 고학년이나 중학생들에겐 '학교 안에서 연애는 금지되어야 한다.', '학교에서의 상벌점제는 폐지되어야 한다.', '학생들의 연예인 활동은 금지되어야 한다.' 등 생활 밀착형 주제도 흥미로워하는 주제이다.

② 시사적인 주제

디베이트에 어느 정도 익숙해졌다 싶으면 사회적 이슈로 디베이트를 확장해볼 차례다. 시사적인 주제를 선정하려면 우선 선생님이 신문이나 뉴스를 열심히 보고 많은 고민을 해야 한다. 아이들 수준에 맞는 주제인지, 디베이트를 통해 아이들이 새로운 사실을 알고 고민해볼 수 있는 주제인지 꼼꼼히 따져봐야 하기 때문이다.

예를 들어 층간 소음으로 이웃 간에 불미스러운 사건이 일어났다는 뉴스가 TV에 나왔을 때 시의적절한 주제는 '층간 소음 유발자의 처벌을 강화해야 한다.'이다. 이웃 간 층간 소음의 문제가 얼마나 심각한지, 어떤 해법을 찾는 게 좋은지 고민해볼 수 있다.

몇 년 전 스페인에서 '자녀들이 집안일하는 것을 의무화하는 법안을 발의했다.'는 기사를 읽고 '자녀들이 집안일하는 것을 의무화해야 한다.'를 주제로 디베이트를 펼쳐보았다. 평소 집안일에 관심도 없는 녀석들이 이 주제를 가지고 디베이트를 하면서 집안일에는 무엇이 있고, 가족의 한 구성원으로서 집안일 일부를 책임지는 것이 당연한 일인지 아닌지, 집안일을 국가가 강제한다면 어떻게 감시하고 처벌할 수 있는지 등 개인의 책임과 의무, 국가의 역할까지 깊이 생각해볼 수 있었다.

우리나라에서 신고리 원전 5, 6호기 발전 중단 검토를 위한 공론화 위원회가 열렸을 때는 초등학교 5, 6학년을 대상으로 '우리나라에 원자력발전소는 더 짓지 말아야 한다.'를 주제로 디베이트를 벌이기도 했다. 사실 이 내용을 과연 얼마나 이해하고 아이디어를 낼 수 있을지 걱정 반, 우려 반이었다. 하지만 몇 번의 디베이트를 통해 우리 아이들의 잠재력이 얼마나 무궁무진한지 확인할 수 있었다. 각자 인터넷과 뉴스를 뒤져서 엄청나게 많은 자료를 조사해왔을 뿐 아니라 그 어느 때보다도 열띤 디베이트가 이뤄졌다. 집에 가서도 부모님들께 "우리나라 원자력발전소에 대해서 어떻게 생각하세요?"라고 의견을 물어보고 토론을 했다고 한다. 미래를 짊어질 우리 아이들이 우리나라의 에너지원에 대해서 깊이 고민할 기회를 가졌다는 게 참으로 뿌듯한 순간이었다.

선생님이나 부모님이 신문과 뉴스를 들여다보고 조금만 고민한다면 디베이트 주제는 여기저기에 널려있다. 그중에 옥석을 가려 아이들의 논리성과 사고력을 키울 수 있는 주제를 뽑아낸다면 우리 아이들의 무한한 잠재력은 날개를 달게 될 것이다.

③ 디베이트 주제의 예

디베이트 형식에 익숙해지면 주제를 분야별로 섞어주는 게 좋다. 가족, 학교, 사회, 경제, 과학, 종교 등 다양한 분야의 주제를 골고루 다루면 관심의 폭도 넓어지고 세상을 보는 눈도 키워진다.

다음은 지금 당장 수업에 활용할 수 있는 디베이트 주제들이다. 아이들의 눈높이와 관심에 맞게 골라 활용해보자.

	디베이트 주제의 예
동물 관련	• 개고기 먹는 문화를 허용해야 한다. • 동물실험은 금지해야 한다. • 유기견 안락사는 없어져야 한다. • 동물 대여업을 허용해서는 안 된다.
가족 관련	• 가정에서는 TV를 없애야 한다. • 자녀가 집안일 돕는 것을 의무화해야 한다. • 자녀의 부모 봉양을 의무화해야 한다. • 제사 문화는 사라져야 한다.
학교 관련	• 학교에서 일기 검사를 하지 말아야 한다. • 수학 시간에 계산기 사용을 허용해야 한다. • 교내 스마트폰 사용을 허용해야 한다. • 학생들의 화장, 염색 등은 금지해야 한다. • 남녀 분반을 해야 한다. • 친구들 사이에서 쓰는 비속어, 은어 사용을 허용해야 한다. • 학원에서도 선행학습은 금지해야 한다.

사회 관련	• 층간 소음 유발자에 대한 처벌을 강화해야 한다. • 공중시설에서의 금연제도는 폐지되어야 한다. • 카페나 식당의 노키즈존은 사라져야 한다. • 사형제도는 없애야 한다. • 인간의 안락사는 허용돼야 한다. • 귀화한 외국인 선수는 국가대표 선수가 될 수 없어야 한다. • 우리나라는 징병제가 아닌 모병제를 시행해야 한다. • 군복무가산제를 실시해야 한다. • 종교적 이유로 군 복무를 안 하는 것은 허용해야 한다. • 이슬람 여성들의 베일과 부르키니 착용은 금지되어야 한다.
과학 관련	• 유전자 조작을 통한 맞춤아기 탄생은 허용되어야 한다. • 원자력발전소는 더 이상 짓지 말아야 한다. • 전 세계는 극지방 개발을 멈춰야 한다. • 환경을 위해 육식을 지양해야 한다. • 유전자 조작 식품을 먹지 말아야 한다.
경제 관련	• 밸런타인데이, 빼빼로데이 등 상업적인 기념일 문화는 사라져야 한다. • 공공기관 내의 탄산음료 판매는 금지되어야 한다. • 영화나 드라마에서 PPL은 금지되어야 한다. • 대형마트의 의무휴업은 사라져야 한다. • 우리나라에서도 비만세를 적용해야 한다. • 우리나라는 최저임금제를 시행하면 안 된다. • 기업은 이익의 일부를 사회에 환원해야 한다.

디베이트 수업 준비 : 2단계

디베이트 팀 짜기

퍼블릭 포럼 디베이트를 진행할 때 필요한 인원은 4명이다. 그러나 경험

상 초등학생, 중학생을 대상으로 디베이트 수업을 진행할 때는 5명이 가장 적절하다. 5명이 수업을 하게 되면 1명씩 돌아가면서 사회를 보고 찬성 팀과 반대 팀이 2:2로 디베이트 한다. 이때 사회자의 역할은 진행과 총괄 평가이다. 원래 퍼블릭 포럼 디베이트에서는 사회자가 없고 전문 심사위원이 심판을 하지만, 디베이트 수업에서는 심사위원의 역할을 선생님이 대신하여 아이들 간의 분쟁을 조정하고 결과를 판정한다.

디베이트 수업 팀은 보통 학부모가 자녀의 친한 친구나 성향이 맞는 친구들과 팀을 짜서 수업을 의뢰하는 경우가 대부분이다. 1~2년은 꾸준히 수업한다는 가정에 따라 팀을 짜기 때문에 성격이 서로 안 맞아 티격태격하는 친구들보다는 서로에게 호감이 있는 친구들이 모이는 게 좋다. 경험상 디베이트 팀은 학년은 같되 성별은 섞여 있어야 분위기가 더 좋다. 학년이 같아야 서로 동등한 입장에서 디베이트 할 수 있고, 성별이 섞이면 더 다양한 생각이 오갈 수 있다.

학교에서 '퍼블릭 포럼 디베이트'를 할 때는 사회자를 포함하여 한 모둠에 5명, 또는 7명씩 나눠서 진행할 것을 추천한다. 사회자는 디베이트를 진행한 후 마지막에 판정을 보게 한다. 모둠이 7명일 때는 찬성 팀, 반대 팀을 각각 3:3으로 나누어 한 명씩 입안, 반박, 요약과 마지막 초점을 맡는다. 모둠을 나눌 때는 제비뽑기처럼 우연에 의해 결정되는 게 좋다. 친한 친구들끼리 모둠을 하게 하면 소외되는 친구들이 있기 때문이다. 선생님은 모둠을 돌아다니며 원활한 진행을 돕는다.

가정에서는 아버지나 어머니가 사회를 보고, 자녀를 둘로 나눠 찬성 팀, 반대 팀을 맡도록 한다. 만약 아버지와 어머니, 자녀 두 명이 한 가족인 경우에는 어머니가 사회를 보고 아버지가 찬성 팀을, 자녀 둘이 반대 팀을 맡아도 좋다. 아웅다웅하던 형제자매가 한 팀을 이뤄 협업하는 놀라운 순간을 마주할 수 있다. 외동인 경우, 부모 중 한 사람이 사회를 보고, 다른 부모와 자녀가 각각 찬성, 반대 팀을 맡아 디베이트 한다.

사회자는 말 그대로 디베이트를 처음부터 끝까지 책임지고 이끌어 가는 역할이다. 사회를 보다 보면 디베이트를 한 발 떨어져서 관찰할 수 있어서 배우는 점이 많다. 팀원이 돼서 무슨 말을 할지, 상대방 주장에 어떻게 반박할지, 디베이트에 참여하여 전전긍긍할 때는 절대 보이지 않던 것들이 한 발 떨어져 있으면 잘 보인다. 누가 말을 잘 하는지, 순발력 있게 논리를 잘 파고드는지, 근거와 예시가 좋았는지도 말이다.

디베이트 수업 준비 : 3단계

디베이트 팀 운용하기

소규모 그룹으로 디베이트를 지도할 때, 수업 계획표는 1분기(약 3개월)에 한 번씩 날짜별로 진행할 디베이트 주제를 정리하여 나눠주는 게 좋다. 그래야 아이들이 주제에 대해 미리 자료를 찾아보고 입안을 써올

수 있다.

초등학생들은 매주 새로운 주제를 소화하기 버겁다. 그래서 3주에 한 가지 주제씩을 다루면서 첫 번째 주에 찬성 팀을 맡은 아이들이 두 번째 주에는 반대 팀을 맡고, 첫 번째 주에 반대 팀을 맡은 아이들은 두 번째 주에는 찬성 팀을 맡는다. 세 번째 주에는 다 함께 이 주제를 가지고 논술을 하면서 마무리한다.

첫 번째 주	찬성 팀(A, B) vs 반대 팀(C, D)
두 번째 주	찬성 팀(C, D) vs 반대 팀(A, B)
세 번째 주	각자의 생각대로 찬성, 반대를 정해 논술하기

중, 고등학생인 경우, 매주 한 주제씩 디베이트 해도 무리가 없다. 매주 새로운 주제로 디베이트를 하고, 그날 바로 논술로 정리하면 논리력뿐 아니라 글쓰기 실력도 키울 수 있다. 논술은 디베이트 했을 때 자신이 맡았던 팀과 반대편에서 써보게 한다. 예를 들어서 디베이트 할 때 내가 반대 팀이었다면 논술은 찬성 팀 입장에서 써보도록 하는 식이다. 이렇게 하면 양쪽 팀 모두의 입장을 고려해볼 수 있다는 이점이 있다.

학교나 가정에서는 매달 한 가지의 주제로 디베이트를 진행하는 게 가장 효율적이다. 한 달을 4주로 봤을 때, 첫 번째 주는 주제에 대해 선생님이 각론을 한 뒤 함께 입안 정리를 하고, 두 번째 주는 제비뽑기를 통해 사회자, 찬성 팀, 반대 팀을 정해 디베이트를 진행한다. 세 번째 주에는 다시 제비뽑기를 해서 사회자, 찬성 팀, 반대 팀을 바꿔서 진행하고, 마지막 네 번째 주에는 논술로 마무리하는 게 가장 이상적이다.

디베이트 수업 준비 : 4단계

자료 조사하고 정리해오기

디베이트 수업을 하기 전에 가장 중요한 과정이 자료 조사다. 주제를 미리 정해주므로 각자 시간을 내어 자료를 찾고 정리해오도록 한다. 찬성 팀일지 반대 팀일지는 디베이트 수업을 할 때 현장에서 정하기 때문에 양쪽의 자료를 모두 찾아와야 한다. 디베이트 공책에 정리해오거나 기사를 프린트해오는 등 준비가 철저할수록 디베이트에서 유리하다.

앞서 얘기한 대로 아이들은 보통 네이버, 다음, 구글 등의 검색 포털 사이트를 활용하여 자료를 찾는다. 그러나 블로그나 카페, 네티즌들이 서로 주고받은 질의응답 내용은 개인적인 생각을 정리해놓은 경우가 많으므로 자료 조사를 할 때 주로 신문 기사나 출처가 분명한 자료를 인용하도록 주의시켜야 한다. 누구나 수긍할 만한 합리적인 근거가 되려면 책이나 논문, 관련 기관 홈페이지 등을 참고하는 것이 자료의 신뢰도를 높일 수 있는 방법이라고 알려주는 것이 좋다.

간혹 수업하는 친구 중에 블로그 글이나 네이버 지식in 등에 올려져 있는 자료를 그대로 복사해서 갖고 오는 친구들이 있다. 이럴 경우에는 부모님이나 선생님의 세심한 지도가 필요하다. 다른 사람이 정성 들여 정리한 자료를 그대로 가져와서는 안 된다고 강조한다. 그럼에도 그 자료가 자신의 의견을 뒷받침할 수 있는 좋은 자료라고 판단하여 가져온 경우에는 '출처'를 정확히 밝히도록 지도한다.

디베이트 수업 준비 : 5단계

찬성 팀, 반대 팀 나누기

'퍼블릭 포럼 디베이트'를 5명이 함께할 경우, 사회자를 제외한 4명은 제비뽑기나 가위바위보를 통해 2:2로 팀을 짠다. 그런 다음 동전 던지기로 팀의 발언 순서와 찬반 입장을 정한다.

각 팀의 대표가 동전의 앞면과 뒷면 중의 하나를 고르고, 선생님이나 사회자가 동전을 던졌을 때 위로 나온 면을 선택한 팀이 우선 선택권을 가진다. 찬성 팀을 할지, 반대 팀을 할지, 또는 먼저 발언할지, 나중에 발언할지 중에 하나를 우선 선택할 수 있는데 만약 동전 던지기에서 이긴 팀이 찬성을 선택하면 동전 던지기에서 진 팀은 자연스럽게 반대 팀이 된다. 대신 반대 팀은 먼저 발언할지, 나중에 발언할지를 선택할 수 있다.

디베이트 수업 준비 : 6단계

팀별로 회의하기

먼저 발언을 하는지 나중에 발언하는지, 찬성 팀인지 반대 팀인지가 정해지면 팀별로 회의할 시간을 10분~15분 정도 준다. 팀원들은 미리 준비해온 자료를 펼쳐놓고 입안의 근거를 무엇으로 할지 상의해서 정한다. 또한, 누가 입안을 맡을지, 반박을 맡을지 서로 역할을 나눈다.

선생님은 회의를 할 때 찬성 팀과 반대 팀의 회의하는 소리가 서로에게 방해되지 않도록 자리를 띄어 앉히고, 회의하는 아이들에게 다가가 자료를 훑어본다. 잘 찾아온 근거에 대해서는 칭찬해주고, 출처가 분명하지 않거나 논리에 맞지 않는 근거에 대해서는 질문을 통해 다시 생각해볼 수 있게 지도한다. 이때 절대 "이렇게 얘기해라."라고 직접 가르쳐주어서는 안 된다.

가령 '가정에서는 TV를 없애는 게 바람직하다.'를 주제로 디베이트를 할 때 찬성 팀이 'TV는 시력을 떨어뜨린다.'라는 근거를 준비해왔다고 가정해보자. 물론 TV를 가까이에서 보거나 나쁜 자세로 보면 시력이 떨어지지만 멀리서 바른 자세로 보면 시력을 지킬 수 있다. 이럴 때는 "TV를 눕거나 비스듬히 앉아서 보지 말고 멀리 떨어져서 바른 자세로 본다면 괜찮지 않을까? TV를 보는 사람의 잘못된 자세로 시력이 나빠지는 거라면 굳이 TV 자체를 없애는 게 해법이 아니지 않니?"와 같은 질문을 던져서 아이들이 다시 한번 생각해보도록 유도한다.

선생님에게 이런 질문을 받은 아이들은 스스로 자신의 근거를 보완해나간다. "사람들은 TV를 볼 때 주로 쉬면서 보기 때문에 비스듬히 소파에 기대서 보거나 누워서 볼 때가 많다. 또한 아이들의 경우는 부모의 지도가 없을 때 TV 앞으로 가까이 가서 보는 경우가 많아서 시력이 나빠질 가능성이 크다."라고 말이다.

팀원들이 각자 가지고 온 근거 중에 3~4개의 근거만을 뽑아낼 수 있게 도와주는 것도 선생님의 몫이다. 두 사람의 자료를 단순히 합치기만 한다면 근거가 7~8개가 될 수도 있다. 근거 중에 비슷한 의견은 합치고 위상이 다른 근거들은 과감히 버리거나 근거의 예시로 들어갈 수 있게 도와줘야 한다.

- 시력이 나빠진다.
- 전자파에 노출된다.
- 비만이 유발된다.
- TV에 중독된다.
- 가족 간의 대화가 준다.
- 예능이나 드라마 프로그램은 꼭 다음 편을 보게 만든다.
- TV를 보다가 공부나 해야 할 일을 못하게 된다.
- TV는 바보상자다. 생각하는 능력을 떨어뜨린다.

1. 생각하는 능력을 떨어뜨린다.

2. 가족 간의 대화가 준다.

3. TV에 중독된다.

- 예능이나 드라마 프로그램은 꼭 다음 편을 보게 만든다.
- TV를 보다가 공부나 해야 할 일을 못 하게 된다.

4. 건강에 악영향을 미친다.

- 전자파 노출
- 시력 저하
- 비만 유발

〈'가정에서는 TV를 없애는 게 바람직하다' 찬성 팀 근거 정리의 예〉

디베이트 수업 준비 : 7단계

입안서 쓰기

입안서는 전체 디베이트를 이끄는 핵심과도 같으므로 매우 중요한 단계이다. 입안서를 얼마나 탄탄히 구성하느냐에 따라 디베이트의 승패가 결정되기도 한다.

팀별 회의를 통해 주장에 대한 근거를 3~4개로 압축하여 뽑았다면 각각의 '핵심 문장'을 만들고, 핵심 문장을 설명해주는 '밑받침 문장'을 충분히 정리하도록 지도한다. 입안은 시간을 4분까지 쓸 수 있는데 4분 동안 청중들을 설득하기 위해서는 '밑받침 문장'에 많은 예시와 설명이 들어가야 한다.

디베이트를 직접 하는 아이의 입장에서는 입안서를 준비하고 쓰는 과정에서 주제에 대해서 얼마나 깊이 있게 생각해보고 준비를 잘 했느냐가 디베이트의 깊이를 결정한다. 인터넷이나 책을 뒤적여보면서 자료를 찾는 과정은 자기주도적으로 이뤄져야 하며, 디베이트를 기대하는 마음으로 해야 한다.

준비가 끝났다면 이제 실전으로 넘어갈 차례다. 다음 장의 내용을 참고하여 디베이트가 실제로 어떻게 이뤄지는지 알아보자.

우리 팀 주장	가정에서는 TV를 없애는 게 바람직하다(찬성 팀)	
근거 1	핵심 문장	TV는 '바보상자'로 일컬어진다. 그만큼 사람들의 생각하는 힘을 떨어뜨린다.
	밑받침 문장	TV는 보는 것만으로도 바로 이해가 될 만큼 시각적인 설명이 많다. 그래서 TV의 지식은 수동적으로 받아들이게 된다. 반면 책은 글로만 이뤄져 있어 주인공이나 배경에 대해서 머릿속에서 끊임없이 상상하게 만든다. 그렇기 때문에 TV는 책보다 생각하는 힘을 떨어뜨린다.
근거 2	핵심 문장	TV는 가족 간의 대화를 줄어들게 한다.
	밑받침 문장	부모님은 일하시느라, 아이들은 학교와 학원을 오가느라 가족들 모두가 바쁜 일상을 보내고 있다. 가족이 다 함께 식사하기도 어려운 상황이다. 그런데 모처럼 쉬는 날 TV를 시청하게 된다면 대화는 더욱 줄어들 수밖에 없다. 주말이나 저녁 시간에 가족이 TV를 볼 게 아니라 다 함께 둘러앉아 대화를 나누는 것이 가족 간의 정을 두텁게 하고 애정도 키울 수 있다.
근거 3	핵심 문장	TV는 중독성이 강하다.
	밑받침 문장	TV는 시청률이 잘 나와야 광고가 붙기 때문에 재밌고, 자극적으로 만들어지는 경우가 많다. 드라마의 경우, 가장 궁금할 때 끝나기 때문에 다음 편을 챙겨볼 수밖에 없다. 이처럼 TV 프로그램은 중독성이 강하기 때문에 정작 해야 할 공부나 일을 못 하게 만드는 방해꾼이 될 수 있다.
근거 4	핵심 문장	건강에 해롭다.
	밑받침 문장	TV는 주로 쉬면서 보기 때문에 자세가 흐트러지기 쉽다. 눕거나 기대어 볼 뿐 아니라 가까이에서 보면 시력이 저하된다. 또한, TV 시청으로 시간을 많이 보내게 되면 활동량이 줄어들어 비만이 생길 수 있다. TV를 볼 때 먹는 음료수나 과자 등 간식도 문제가 된다. 게다가 TV에서 나오는 전자파는 사람의 몸에 해롭다.

〈토론 입안서의 예〉

02

디베이트 진행의 실례

—

—

—

—

—

디베이트는 형식이 있는 토론이다. 발언 순서와 시간이 정해져 있고, 토론자들은 이 규칙을 잘 따라야 한다. 모든 토론자들이 토론의 형식에 대해 숙지하고, 자료를 조사하여 입안서를 준비해왔다면 디베이트 준비가 어느 정도 된 셈이다.

디베이트 준비가 끝나면 선생님이나 사회자가 팀을 나누어 토론자들을 착석시킨다. 토론자들은 팀끼리 같이 앉게 한다. 2:2나 3:3으로 디베이트를 진행할 때는 먼저 발언 팀이 사회자의 왼쪽에 앉는다. 지켜보는 청중이 있을 경우 사회자의 맞은편에 자리하면 된다.

〈2:2 디베이트 할 때 자리 구성〉

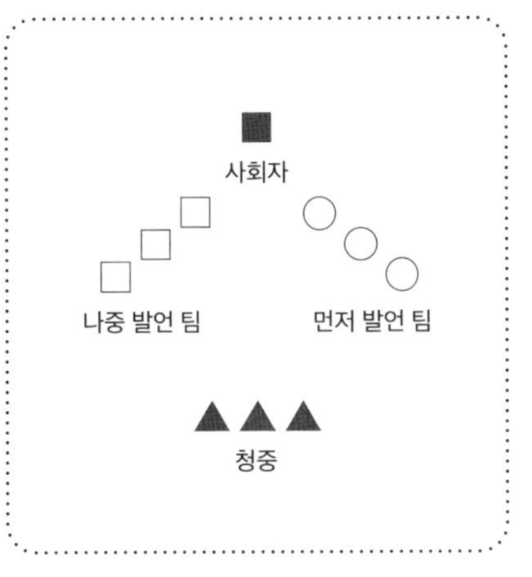

〈3:3 디베이트 할 때 자리 구성〉

퍼블릭 포럼 디베이트의 순서

디베이트는 청중이 있다는 것을 전제로 하므로 발언을 시작하기 전에 모두 인사를 하도록 한다. 먼저 사회자의 인사로 시작한다. "안녕하십니까? 토론의 사회를 맡은 ○○○ 입니다. 오늘 토론의 주제는 '가정에서는 TV를 없애는 게 바람직하다.'입니다. 자, 준비되셨습니까? 그럼 먼저 발언 팀인 찬성 팀의 입안을 시작하도록 하겠습니다."라고 디베이트의 문을 연다.

사회자의 소개대로 찬성 팀 입안을 맡은 토론자가 발언을 시작한다. 인사를 한 후 자신의 주장과 근거를 논리적으로 펼치면 된다. "안녕하십니까? '가정에서는 TV를 없애는 게 바람직하다.'를 주제로 펼치는 토론의 찬성 팀 입안을 맡은 ○○○ 입니다. 저희 팀은 가정에서의 TV는 없애는 게 바람직하다고 생각합니다. 그 이유는 첫 번째….”

먼저 발언 팀 입안이 끝나면 사회자의 진행에 따라 나중 발언 팀이 입안을 시작한다. 역시 마찬가지로 인사로 시작한다. “안녕하십니까? ‘가정에서는 TV를 없애는 게 바람직하다.’를 주제로 펼치는 토론의 반대 팀 입안을 맡은 ○○○ 입니다. 저희 팀은 가정에서의 TV는 없앨 필요가 없다고 생각합니다. 그 이유는 첫 번째….”

① 입안

입안은 주어진 주제에 대해서 팀의 기본 입장을 논리적인 근거를 들어서 펼치는 순서다. 가령 예를 들어, ‘우리나라의 개고기 먹는 문화는 사라져야 한다.’를 주제로 디베이트를 펼칠 경우, 찬성 팀 입안은 ‘우리나라의 개고기 먹는 문화는 사라져야 한다. 그 이유는 첫째, 개는 다른 동물과는 달리 반려동물이기 때문이다. 반려동물이라 함은 가족처럼 삶을 함께하는 동반자라는 뜻이다. 먹을 게 많아서 다이어트가 유행인 요즘 같은 시기에 굳이 반려동물인 개를 먹을 필요는 없다고 생각한다. 둘째…. 셋째….’ 이런 식으로 팀의 견해를 밝히는 순서다.

입안은 자료 조사를 통해 미리 준비해올 수 있기 때문에 순발력보다는 철저한 준비를 바탕으로 한다. 자료와 예시로 논리적인 근거를 3~4개 정도 밝히는 게 핵심이며 4분까지 가능하다.

② 교차 질의

교차 질의는 찬성 팀과 반대 팀이 탁구공이 오가듯 서로의 논리적인 허점을 집어내 공격하고 막는 순서다. 교차 질의는 총 3번에 걸쳐 이뤄지는데 첫 번째 교차 질의는 입안이 끝난 후 상대 팀의 입안 내용 중에서 논리적인 허점이나 문제점을 찾아내 공격하는 순서다. 입안을 먼저 한 사람이 교차 질의도 먼저 시작한다.

두 번째 교차 질의는 양 팀의 반박자들이 반박을 끝내고 나서 벌이는 순서다. 마찬가지로 서로의 반박 내용 중에 논리적인 허점이나 오류를 잡아내 공격하는 게 포인트다.

마지막 교차 질의는 '전체 교차 질의'로 찬성 팀과 반대 팀이 모두 자리에 앉아서 마지막으로 상대방의 주장에 문제를 제기하고 자신의 주장이 옳았음을 강조하는 순서다.

이렇게 교차 질의는 상대 팀이 입안 또는 반박을 할 때 머릿속으로 상대 팀의 어떤 포인트를 공격할지를 끊임없이 떠올리며 듣고, 이를 발빠르게 표현해내야 하므로 고도의 집중력과 순발력이 필요하다. 질문을 받았을 때도 적절한 근거와 예시를 들어서 우리 팀을 방어해야 하므로 디베이트 내내 긴장을 늦출 수 없다.

③ 반박

반박은 상대 팀의 입안을 조목조목 따져서 무엇이 문제인지를 밝혀내는 순서다. 반대 팀이 '개는 다른 동물과 달리 반려동물이기 때문에 개고기 먹는 문화는 사라져야 한다.'는 찬성 팀의 입안을 반박해야 한다면 "사람에 따라서 돼지나 소를 반려동물처럼 여기고 키우는 사람도 있다. 하지만 누구도 돼지고기, 소고기를 먹어선 안 된다고 말하지 않는다. 왜 개고기는 먹으면 안 되고, 돼지고기, 소고기는 먹어도 되는가? 개와 마찬가지로 돼지, 소도 소중한 생명이다. 개만 특별히 여기는 것은 동물 차별이 아닌가?" 이런 식으로 반박의 논리를 펼친다.

④ 요약

요약은 지금까지 이뤄진 디베이트 내용의 쟁점을 우리 편에 유리하게 정리하여 발언하는 순서다. 이때 입안이나 교차 질의, 반박에서 나오지 않은 새로운 의견을 껴 넣어서는 안 된다. 앞서 발표한 내용 중에 가장 핵심이 되는 내용을 가려낸 후 우리 팀에 유리한 내용을 정리하여 청중 또는 선생님에게 확인시키는 발언을 하면 된다.

⑤ 마지막 초점

마지막 초점은 우리 팀의 전략적 관건을 심판과 청중에게 마지막으로 호소력 있게 전달하는 순서다. 기본적으로 디베이트는 청중을 대상으로 하고, 승패가 나뉜다. 그러므로 우리 팀이 상대 팀보다 무엇을 잘했는지 청중들에게 확인시켜주어야 한다. 상대 팀에 비해서 어떤 주장이 논리적이었는지, 제시한 자료가 적절했는지, 상대 팀 논리의 허점을 얼마나 잘 집어냈는지를 이야기한다.

다음 표는 반대 팀이 우선 발언권을 가진 상태로 디베이트가 어떻게 이뤄지는지 표로 정리한 내용이다. 우선 발언권을 가진 팀은 입안, 반박, 요약, 마지막 초점 모두 먼저 발언을 시작할 수 있다. 교차 질의도 우선 발언권을 가진 팀에서 시작한다.

먼저 발언하는 것은 장, 단점이 있다. 교차 질의 때 팀에 유리한 분위기를 주도할 수 있고 먼저 공격을 할 수 있어 교차 질의의 주도권을 가질 수 있지만 입안이나 반박할 때 상대 팀의 의견을 듣지 못한 채 의견을 먼저 말해야 하므로 부담이 되기도 한다.

	먼저 발언 팀 (반대 팀 - 환유, 소희)	나중 발언 팀 (찬성 팀 - 유진, 가연)
입안(각 4분)	환유	유진
교차 질의(총 3분)	환유 vs 유진	
반박(각 4분)	소희	가연
교차 질의(총 3분)	소희 vs 가연	
요약(각 2분)	환유	유진
전체 교차 질의(총 3분)	환유, 소희 vs 유진, 가연	
마지막 초점(각 2분)	소희	가연

퍼블릭 포럼 디베이트의 실제 사례

다음은 아이들이 실제 디베이트 한 내용을 재구성한 것이다. 그동안 칠판에 정리해서 촬영해놓은 자료를 중심으로, 될 수 있으면 아이들 이야기를 살려서 정리해보았다. 평소 아이들이 디베이트를 할 때 칠판에 아이들 주장을 정리해 두면 여러 가지로 도움이 된다. 디베이트가 끝나고 난 후 아이별로 잘한 점, 부족한 점을 이야기해줄 때 밑받침 자료로 활용할 수 있고, 부모님께 수업 내용을 공유해 드릴 때도 좋다.

토론 주제 :
초등학생들의 연예인 활동은 금지되어야 한다

토론자 : 초등학교 5학년 4명
우선 발언 - 반대 팀 : 이환유, 유소희
나중 발언 - 찬성 팀 : 김유진, 홍가연

사회자 : 안녕하세요? 최근 드라마나 영화를 보면 아역 배우들이 많이 등장하고 있습니다. 어린 나이에 가수로 데뷔하는 경우도 있고요. 그래서 오늘은 '초등학생들의 연예인 활동은 금지되어야 한다.'를 주제로 토론을 진행해보도록 하겠습니다. 그럼 동전 던지기를 통해 정한 대로 반대 팀이 먼저 입안을 시작해주세요.

반대 팀 입안 – 이환유 : 안녕하십니까? '초등학생들의 연예인 활동은 금지되어야 한다.' 토론의 반대 팀 입안을 맡은 이환유입니다. 저희 팀은 초등학생들의 연예인 활동은 금지되면 안 된다고 생각합니다. 그 이유는 첫째, 꿈은 일찍 발견해서 노력하는 것이 좋기 때문입니다. 김연아 선수를 생각해보세요. 다섯 살 때부터 자신의 재능을 찾아내 열심히 실력을 갈고닦은 결과, 세계적인 스케이트 선수가 되었습니다. 이처럼 초등학생이라도 연예인이라는 꿈을 찾았다면 일찍부터 연예인 활동을 하면서 자신의 실력을 쌓는 게 중요하다고 생각합니다. 둘째, 사회생활을 일찍 경험해봄으로써 여러 가지를 배울 수 있습니다. 연예인 활동을 하다 보면 소속사 관계자나 다른 선배 연예인, 동료들, 방송 관계자들 등 다양한 사람을 만나게 됩니다. 이런 과정을 통해 내가 어떻게 행동해야 하는지를 일찍부터 배울 수 있습니다. 마지막 근거는 초등학생 연예인이 필요하다는 데 있습니다. 영화나 드라마를 떠올려보세요. 주인공들 아역은 대부분 초등학생입니다. 초등학생 연기자가 없다면 누가 그 역할을 맡아서 합니까? 따라서 저희는 초등학생들의 연예인 활동을 금지해서는 안 된다고 생각합니다.

사회자 : 네. 반대 팀의 입안 잘 들었습니다. 자, 그럼 이번엔 찬성 팀 입안을 시작해주세요.

찬성 팀 입안 – 김유진 : 안녕하십니까? '초등학생들의 연예인 활동은 금지되어야 한다.'라는 주제에 대해 찬성 팀 입안을 맡은 김유진이라고 합니다. 저희 팀은 초등학생들의 연예인 활동은 금지되어야 한다고 생각합니다. 그 이유는 첫째, 초등학생들의 연예인 활동이 건강을 해칠 수도 있기 때문입니다. 만약 드라마 촬영을 한다고 해보세요. 주연을 맡은 배우들은 대부분 성인이고 주연들 위주로 촬영이 진행될 수밖에 없습니다. 그러다 보면 아역 탤런트들은 자신의 촬영 순서를 계속해서 기다려야 하고, 때로는 밤샘 촬영을 할 수도 있습니다. 이렇게 잠을 제대로 자지 못하고, 촬영장에서 급하게 식사를 때우다 보면 한참 자라나는 성장기에 무리가 올 수 있습니다. 둘째, 초등학생들이라면 누구나 배워야 하는 학교 공부를 할 수 없게 됩니다. 영화 촬영에 들어가게 되면 학교를 조퇴하거나 결석할 수 있고 이렇게 공부를 못하게 되면 국민이라면 누구나 가져야 하는 기본 상식과 태도를 배울 수 없게 됩니다. 셋째, 진정한 친구를 사귈 기회를 놓치게 됩니다. 초등학생들에게는 친구들과의 교우 관계가 무엇보다 중요합니다. 평소 자신의 고민을 나눌 수 있는 절친이나 단짝이 생기는 시기이기도 합니다. 이럴 때 어른들 세계에서 연예인 활동을 하는 것은 정서적으로도 좋지 않다고 생각합니다.

사회자 : 양 팀의 입안을 모두 잘 들어보았습니다. 각 팀당 세 가지씩 근거를 들어 주장을 펼쳤는데요, 다음은 입안을 맡은 이환유 군과 김유진 군의 교차 질의가 있겠습니다. 먼저 환유 군이 시작해주시죠.

반대 팀 교차질의 – 이환유 : 네, 교차 질의를 시작하도록 하겠습니다. 찬성 팀에서 두 번째 근거로 '초등학생들이 연예인 활동을 하면 공부를 하지 못한다.'고 주장하셨는데요. 공부를 꼭 학교에서만 해야 한다는 것은 선입견 아닙니까? 요즘에는 소속사에서 어린 학생들을 위해 필요한 공부를 시켜줄 뿐 아니라 영어, 일본어, 중국어 등 어학 공부도 하게 해 줍니다. 또한, 노래나 연기, 발성법 등도 전문가들에게 배운다고 알고 있습니다. 이것에 대해서는 어떻게 생각하십니까?

찬성 팀 교차질의 – 김유진 : 물론 좋은 소속사의 경우는 어린 학생들을 위해 여러 가지를 가르쳐주고 도와주겠죠. 하지만 규모도 작고 돈도 없는 소속사에서 아이들 공부까지 신경 써줄까요? 또한, 초등학교에 다니는 것은 지식뿐 아니라 훌륭한 어른이 되기 위한 태도와 습관을 배우기 위해서이기도 합니다. 만약 나쁜 소속사를 만나서 공부도 제대로 못 하고 좋은 태도도 배우지 못한다면 어떻게 하시겠습니까?

반대 팀 교차질의 – 이환유 : 부모님께서 허락을 안 하시겠죠. 초등학생들은 미성년자라서 부모의 동의가 있어야 연예인 활동을 하지 않겠습니까? 어느 부모님이 공부도 안 시켜주는 나쁜 소속사에 계속 있도록 내버려 두겠습니까? 그리고 아까 찬성 팀에서 꿈을 일찍 발견하면 좋다고 하셨는데요. 만약 초등학교 때 공부도 못하고 연예인 활동만 하다가 고등학교 때 갑자기 대학에 들어가고 싶어 지면 어떻게 합니까? 그동안 공부해놓은 것도 없는데 연예인을 그만두고 싶다면요?

찬성 팀 교차질의 – 김유진 : 무엇인가에 최선을 다했다는 것만으로도 큰 공부가 되었을 것으로 생각합니다. 비록 입시 공부는 잘 못했다고 하더라도 연예인 활동을 하면서 다양한 경험도 쌓고 세상 공부도 했을 거라고 여겨집니다. 비록 남들보다는 늦겠지만 '늦었다고 생각할 때가 가장 빠를 때다.'라는 말처럼 의지를 갖고 열심히 노력한다면 따라잡을 수 있다고 생각합니다.

사회자 : 네. 3분 모두 지났습니다. 열띤 교차 질의를 해주신 두 입안자, 모두 수고하셨습니다. 자, 그럼 이번에는 반대 팀 반박 시작해주실까요?

반대 팀 반박 – 유소희 : 안녕하십니까? '초등학생들의 연예인 활동은 금지되어야 한다.' 토론의 반대 팀, 반박을 맡은 유소희입니다. 상대편께서는 입안에서 초등학생들의 연예인 활동은 건강을 해치는 일이라고 하셨는데요, 건강을 해치지 않도록 연예인 활동을 하면 된다고 생각합니다. 만약 영화를 찍게 된다면 그 영화감독이나 연출자와 미리 계약서를 써서, '촬영은 몇 시까지만 하겠다, 하루 몇 시간만 촬영하겠다.'는 식으로 약속을 받으면 됩니다. 또한, 초등학생들의 연예인 활동에는 대부분 부모님이 매니저처럼 동행합니다. 옆에서 부모님이 먹을 것도 챙겨주시고, 간식도 챙겨주신다면 건강을 해칠 일은 없다고 생각합니다. 두 번째 근거로 학교 공부를 할 수 없다고 하셨는데요, 아까 교차 질의 때 나온 얘기처럼 소속사에서 필요한 공부를 시켜줍니다. 공부를 반드시 학교에서만 해야 한다는 것은 선입견이라고 생각합니다. 또한 부모님을 통해서 보충 수업을 받아도 된다고 여겨집니다. 세 번째 근거로는 진정한 친구를 사귈 수 없다고 하셨는데요, 연예인 동료끼리 함께 우정을 나눌 수도 있다고 생각됩니다. 또한 연예인 데뷔 전에 사귀었던 친구와 꾸준히 연락한다면 좋은 친구는 얼마든지 만들 수 있다고 생각합니다. 요즘 SNS가 얼마나 잘 돼 있습니까? 문자나 이메일, SNS를 통해 일상생활을 나누고 우정을 돈독히 할 수 있습니다. 이상 반대 팀 반박을 마치겠습니다.

사회자 : 네, 반대 팀 반박 잘 들었습니다. 그럼 이번에는 찬성 팀 반박을 들어 보도록 하겠습니다. 자, 시작해주시죠.

찬성 팀 반박 – 홍가연 : 안녕하십니까? '초등학생들의 연예인 활동은 금지되어야 한다.' 토론의 찬성 팀, 반박을 맡은 홍가연입니다. 반대 팀께서는 입안에서 꿈은 일찍 발견해서 키울수록 좋다고 하셨는데요, 사실 꿈을 초등학교 때 찾는 사람도 있지만 나중에 어른이 돼서 찾는 사람도 있습니다. 만약 초등학교 때는 연예인이 꿈이었던 사람이 나중에 '이 길이 아니다.'라고 느낀다면 어떻게 되겠습니까. 연예인 활동을 하느라 학교 공부도 제대로 못 했는데 말이지요. 초등학생 때는 다양한 경험과 독서, 여행 등을 통해 내가 무엇을 잘하고, 하고 싶어 하는지를 알아보는 탐색 기간이라고 생각합니다. 꿈을 정해 사회생활을 하기에는 너무 이른 나이라고 생각합니다. 두 번째 근거로 사회생활을 일찍 경험해서 많은 것을 배울 수 있다고 하셨는데, 저는 정반대라고 생각합니다. 아직 미성숙한 초등학생이 어른들 문화를 빨리 배우는 게 뭐가 그리 좋겠습니까? 예를 들어, 회식 때 술 마시고 담배 피우는 모습을 보는 게 초등학생들에게 좋은 경험이 될까요? 또한, 인터넷의 악플이라도 보게 된다면 마음의 상처는 얼마나 크겠습니까? 저는 너무 어린 나이에 사회생활을 하는 것은 얻는 것보다 잃는 게 더 많다고 생각됩니다. 마지막으로 영화나 드라마에서 아역 배우가 필요하기 때문에 초등학생 연예인은 필요하다고 하셨는데요. 저는 중, 고등학생 중에 키가 작고 몸집이 작은 사람이 아역을 맡아도 되고 아니면 컴퓨터 그래픽이나 이미지로 처리해도 된다고 생각합니다. 이상 찬성 팀 반박을 마치겠습니다.

사회자 : 네. 양 팀의 반박 의견 모두 잘 들어보았습니다. 차분한 반박 아주 인상 깊었습니다. 자, 그럼 반박을 맡은 두 사람의 교차 질의를 시작해볼까요? 준비되셨습니까? 시작해주시죠.

반대 팀 교차질의 - 유소희 : 네. 반대 팀에서 먼저 교차 질의를 시작하도록 하겠습니다. 찬성 팀 반박에서 '초등학교 때 연예인 생활을 하다가 나중에 꿈이 바뀌면 어떻게 할 것이냐'라고 하셨는데요, 꿈이 바뀔 수도 있죠. 하지만 많은 경우 일찍 시작할수록 성공할 확률도 높아진다고 생각합니다. 입안에서 말씀드린 대로 김연아 선수도 다섯 살 때 스케이트를 시작했고, 박태환 선수도 초등학교 때부터 수영 선수로 활약했다고 알고 있습니다. 아역 배우 중에서도 성공한 사람은 얼마든지 찾아볼 수 있습니다. 탤런트 김소현, 서신애, 김유정, 유승호, 가수 보아도 모두 어렸을 때 데뷔해 지금까지 큰 인기를 끌며 연예인 활동을 하고 있습니다. 일찍부터 재능을 발견해 키우는 것이 왜 나쁘다는 말씀입니까?

찬성 팀 교차질의 – 홍가연 : 아역 배우 출신 중에 성공한 배우도 물론 있습니다. 하지만 그런 사람들은 일부분입니다. 어른이 돼서 연예인이 됐는데도 우울증이나 공황장애에 걸려서 고생한 연예인도 많습니다. 개그맨 정형돈 씨, 이경규 씨도 그랬고, 어떤 연예인은 자살을 하기도 했습니다. 이런 힘든 연예인 생활을 굳이 초등학생 때부터 해야 할 이유는 없습니다.

반대 팀 교차질의 – 유소희 : 속담에 '구더기 무서워 장 못 담글까?'란 말이 있습니다. 걸리지도 않은 우울증과 공황장애가 무서워 꿈을 포기해야 하는 것은 말이 안 됩니다. 초등학생이 연예인 활동을 시작할 때는 그만한 각오를 다지고 나오는 것입니다. 부모님이나 주변 어른들과 충분히 상의하고 여러 가지를 고려한 후에 결정해서 연예인 활동을 시작합니다. 그만큼 각오도 있다는 뜻이지요. 우울증, 공황장애가 두려워 꿈을 포기한다면 구더기 무서워 장을 못 담그는 일과 같습니다.

찬성 팀 교차질의 – 홍가연 : 다 큰 어른들도 걸리는 우울증, 공황장애를 아직 어린 초등학생이 비껴갈 것이라는 보장도 없습니다. 요즘 인터넷의 악플로 상처받는 연예인도 많습니다. 아직 부모님으로부터 보호받아야 할 초등학생이 감당하기에는 어려운 점이 많습니다.

반대 팀 교차질의 – 유소희 : 지금 찬성 팀에서는 초등학생들이 연예인 활동을 하면 무조건 우울증과 공황장애를 겪게 된다고 보시는 듯합니다. 전 오히려 남들보다 일찍 꿈을 찾아 노력하기 때문에 남들보다 성공할 확률이 높다고 봅니다. 이것은 달리기 시합에서 출발선이 앞에 있는 것과 같습니다. 그리고, 상대편께서는 아역 배우를 초등학생이 아닌, 몸집이 작은 중학생이나 고등학생이 하거나 컴퓨터 그래픽을 통해서 대신할 수 있다고 하셨는데요. 이게 말이 됩니까? 몸집이 아무리 작아도 아역을 맡기에는 무리가 있고, 컴퓨터 그래픽 기술이 아무리 발달한다고 해도 화면에서 티가 납니다. 어떻게 생각하십니까?

찬성 팀 교차질의 – 홍가연 : 컴퓨터 그래픽 기술은 점점 더 발달하고 있고 이미 여러 영화에서는 컴퓨터 그래픽을 써서 대성공을 거두었습니다. '쥐라기 월드', '마블' 시리즈, '아바타' 등 셀 수 없이 많습니다.

사회자 : 양 팀의 반박자들께서 아주 열띤 교차 질의를 해주셨습니다. 자 그럼 각 팀 요약을 시작해볼까요? 팀별로 가장 쟁점이 됐던 사항을 집어주시면 되겠습니다. 시작해주시죠.

반대 팀 요약 – 이환유 : 네. 반대 팀 요약을 시작하겠습니다. 저희 반대 팀은 초등학생들의 연예인 활동이 금지돼서는 안 된다고 생각합니다. 여러분 한 번 생각해보십시오. 100미터 달리기는 하는데 누군가는 30미터 앞에서 시작한다고 말이죠. 결승점까지 누구에게 유리합니까? 당연히 30미터 앞에서 출발한 선수가 유리하지 않겠습니까? 연예인이 꿈인 사람이 초등학교 때 연예인 활동을 시작하게 되었다면 이것은 그만큼 실력과 운을 모두 겸비했다는 뜻이고, 그것은 100미터 달리기에서 30미터 앞에서 출발하는 것과 같습니다. 다른 사람들보다 더 일찍 시작해 더 많은 경험과 실력이 쌓이게 된다는 뜻입니다. 또한, 사회생활 역시 빨리 배우게 되는 것도 큰 장점입니다. 영화에서 촬영은 어떻게 이뤄지는지, 스텝들은 각각 어떤 일을 하는지, 또 선후배 사이에서 인간관계는 어떻게 하는지 미리미리 배워둔다면 그것은 그 사람의 실력이 되고 내공이 됩니다. 마지막으로 현실적인 문제를 짚어보겠습니다. 영화나 드라마에서 아역은 대체 누가 맡습니까? 상대 팀께서는 중, 고등학생 중에 몸집이 작은 사람을 캐스팅하거나 컴퓨터 그래픽으로 처리하면 된다고 말씀하셨지만, 그것은 이치에 맞지 않은 제안입니다. 이렇게 저희 반대 팀은 초등학생들의 연예인 활동은 금지되면 안 된다고 생각합니다.

사회자 : 네. 반대 팀 요약 잘 들어보았습니다. 그럼 이번에는 찬성 팀 요약 시작해주시죠.

찬성 팀 요약 – 김유진 : 네. 찬성 팀 요약을 시작하겠습니다. 저희 팀은 초등학생들의 연예인 활동은 금지되어야 한다고 생각합니다. 여러분은 초등학교에 다니는 목적이 무엇이라고 생각하십니까? 단순히 국어, 수학, 과학지식을 배우기 위해서가 아닙니다. 훌륭한 어른으로 자라기 위한 기본 지식과 태도, 생각 등을 배우기 위해 초등학교에 다닙니다. 몸과 마음을 모두 키우는 과정이지요. 또한 친구들과 함께 생활하며 사회생활도 배우고, 다른 사람과 더불어 살아가는 방법도 배웁니다. 친구들과 우정을 나누고 추억을 쌓는 것도 빼놓을 수 없습니니다. 저는 이러한 초등학교 생활이 누구에게나 반드시 필요하고 그것을 누려야 할 권리가 있다고 생각합니다. 반대 팀에서 주장하시는 꿈을 찾는 것은 중요합니다. 하지만 그 꿈이 정말 내가 원하는 것인지, 그 꿈을 이루기 위해서 어떤 노력을 기울일지, 어떤 어려움이 있을지를 생각하고 결정하기에 초등학생은 너무 어리고 미성숙합니다. 저는 이런 어린 나이에 연예인 생활을 하면서 건강도 해치고 마음도 다치는 일을 겪게 해서는 안 된다고 생각합니다. 아역배우 중에 성공한 배우가 있다고 하지만 그것은 극히 일부분입니다. 오히려 연예인 중에는 우울증이나 공황장애를 겪거나 자살을 생각할 만큼 힘든 시간을 보냈다고 말하는 사람도 많습니다. 어른들도 겪기 어려운 연예인 생활을 초등학생들에게 겪으라고 하는 것은 있을 수 없는 일이라고 생각합니다. 이상입니다.

사회자 : 네. 양 팀의 요약을 잘 들어보았습니다. 그럼, 찬성 팀과 반대 팀의 전체 교차 질의를 시작해볼까요? 다들 아시는 대로 전체 교차 질의는 토론자 네 명이 모두 참여해야 합니다.

전체 교차 질의 – 반대 팀 이환유 : 네. 반대 팀부터 전체 교차 질의를 시작하겠습니다. 찬성 팀께서는 요약에서 초등학교에 다니는 목적에 대해 말씀하셨는데요. 물론 일리가 있습니다. 초등학교에 다니는 것이 단순한 지식만 배우는 게 아니라 좋은 태도, 감성 등이라고 말이지요. 저희는 그것을 배울 필요가 없다는 게 아닙니다. 왜 그러한 지식, 태도, 감성 등을 꼭 학교에서만 배워야 하냐는 것입니다. 홈스쿨링을 하는 학생도 있고, 세계 여행을 다니며 세상을 배우는 학생도 있습니다. 학교에 다니지 않고 연예인 활동을 한다고 해서 좋은 태도와 감성을 가지기 어렵다는 주장은 지나친 편견이라고 생각합니다.

전체 교차 질의 – 찬성 팀 홍가연 : 물론 꼭 학교에서만 그런 좋은 지식이나 태도, 감성, 지식을 배울 수 있는 것은 아닐 것입니다. 하지만 초등학교 교육이 왜 의무교육인지 생각해봐야 하지 않을까요? 초등학생들에게 가장 필요한 교육 내용을 국가가 만들고 교육하는 것 아닙니까? 초등학교에 다니는 것은 학생들의 권리이자 의무입니다.

전체 교차 질의 – 반대 팀 유소희 : 네. 맞습니다. 하지만 연예인 활동 때문에 초등학교를 좀 빠진다고 그러한 지식, 태도, 감성 등을 못 배운다는 것 역시 지나친 주장이 아닌가 싶습니다. 앞서 말씀드린 대로 초등학생들은 미성년자이기 때문에 부모의 동의 하에 활동합니다. 부모님께서 필요한 공부를 가르쳐주신다거나 소속사에서도 부족한 공부를 가르쳐주는 제도가 있다고 생각합니다.

전체 교차 질의 – 찬성 팀 김유진 : 학교에 다니면 다양한 지식이나 태도, 감성뿐 아니라 친구들 간의 우정도 쌓을 수 있습니다. 또래 친구들과 어울리고 함께 생활하면서 사회생활도 배우고, 우정도 느끼며, 친구들과 추억도 쌓을 수 있습니다. 그런데 어린이들이 연예인 생활을 하다 보면 이러한 소소한 즐거움과 추억도 만들지 못하고 매일매일 일을 하게 되니 힘들 수 있습니다.

전체 교차 질의 – 반대 팀 유소희 : 연예 소속사에는 여러 명의 연습생도 있고, 함께 활동하는 초등학생들도 있을 수 있습니다. 그들과 우정도 나누고, 마음도 나눌 수 있습니다. 또한, 연예인 활동을 하기 전에 사귄 동네 친구들, 유치원 친구들과 꾸준히 연락하면서 친하게 지낼 수도 있습니다. 연예인 활동을 한다고 친구를 못 사귀는 것은 아닙니다.

사회자 : 네. 전체 교차 질의는 여기에서 마무리하도록 하겠습니다. 그럼, 지금부터는 각자 자신의 팀이 왜 상대 팀보다 어떤 점에서 더 논리적이었는지를 밝히는 '마지막 초점'을 하도록 하겠습니다. 먼저 반대 팀의 유소희 양이 시작해 주세요.

마지막 초점 – 반대 팀 유소희 : 이번 토론에서 저는 반대 팀이 이겼다고 생각합니다. 초등학교 때 꿈을 찾아 노력하면 경험과 실력이 쌓여 더 훌륭한 연예인이 될 수 있다는 점을 잘 강조했기 때문입니다. 상대 팀에서는 초등학교 때 연예인 활동을 하면서 겪게 될 우울증, 공황장애 등을 지적하셨지만, 저희는 구더기 무섭다고 장 못 담그는 것은 아니며, 자신의 꿈을 위해서는 다소 어려운 일도 겪어낼 수 있다고 밝혔습니다. 김연아 선수, 박태환 선수도 아주 어렸을 때부터 자신의 재능을 찾아서 노력해 온 덕분에 세계적인 선수가 되었듯이 연예인 활동도 일찍 시작하면 그만큼 성공할 확률이 높다는 점도 거듭 말씀드렸습니다. 따라서 저는 저희 반대 팀이 찬성 팀보다 훨씬 더 논리적으로 토론을 이끌어갔다고 생각합니다.

마지막 초점 – 찬성 팀 홍가연 : 저는 이번 토론에서 찬성 팀이 이겼다고 생각합니다. 저희 팀은 초등학교에 다니는 목적을 알아보면서 초등학교 생활이 학생에게 지식, 태도, 감성을 가르쳐줄 뿐만 아니라 친구들과의 우정, 추억까지 만들어준다는 것을 강조해 설득력을 높였습니다. 또한, 너무 이른 나이에 섣불리 결정한 연예인의 삶이 절대 행복하지 않을 수 있음을 들어서 문제점을 지적했습니다. 초등학생은 초등학생답게 즐겁게 뛰어놀고 공부해야 한다고 생각합니다.

사회자 : 네. 반대 팀, 찬성 팀 마지막 초점까지 잘 들어보았습니다. 긴 시간, 열심히 토론에 임해준 네 명의 토론자 여러분들 모두 수고 많으셨습니다. 그럼 이만 '초등학생들의 연예인 활동은 금지되어야 한다.' 토론을 마치도록 하겠습니다. 감사합니다.

03

디베이트는 마무리가 중요하다

디베이트 대회에서는 전문 심사위원이 찬성 팀, 반대 팀 중 어느 팀이 논리적으로 상대방을 잘 설득했는지를 판정한다. 그래서 나 역시 처음 디베이트 수업을 지도할 때는 칼같이 승패를 나눴다. 평가의 기준이 되는 항목을 정하고, 각각 점수를 매겨서 총점을 낸 후 누가 이기고 졌는지를 밝힌 것이다. 그러다 보니 문제가 발생했다. 신나게 디베이트를 했지만 결과적으로 토론에서 진 팀원들은 마음이 상해서 돌아가는 것이었다.

사달이 난 적도 있었다. 승리욕이 엄청나게 강한 한 학생이 있었는데 토론할 때마다 어느 팀이 이기게 될지에 대해 촉각을 곤두세웠다. 하루는 같은 팀 친구가 상대편에게 밀리자 "제대로 안 해? 너 때문에 지게 생겼잖아!" 하며 그 친구를 주먹으로 치고 말았다. 순식간에 벌어진 일이라 코앞에 있던 나조차 손 쓸 겨를이 없었다. 맞은 아이는 너무나 황당해서 울음을 터뜨렸고 얼마 지나지 않아 그 팀은 해체되었다. 다친 마음을 봉합하기에는 맞은 아이 자존심이 너무 많이 상했기 때문이다. 그래서 디베이트 수업에 있어서는 선생님의 역할이 중요하다. 아이들이 결과를 떠나서 디베이트 과정을 즐길 수 있도록 세심히 보살피고 도와주어야 한다.

선생님의 역할

미국디베이트협회(NFL)에서는 디베이트를 지도하고 가르치는 사람을 선생님이라고 부르지 않고 '코치'라고 부른다. 학교에서처럼 학생들에게 일방적인 지식을 전달하는 사람이 아니라 말 그대로 학생들이 자기 생각을 마음껏 펼칠 수 있도록 도와주는 '조력자'라는 뜻이다. 디베이트 수업에서도 마찬가지이다. 선생님은 아이들에게 승패를 알려주는 역할이기 이전에 이기고 지는 것이 중요하지 않고 그 과정이 중요하다는 것을 알려주는 조력자가 되어야 한다.

아이들이 주장의 근거를 찾지 못하고 있을 때 "찬성 팀 입안은 이렇게 하면 좋겠다."는 식으로 가르쳐주는 것은 아이들의 생각을 가로막을 뿐이다. 선생님이나 부모님이 주도적으로 토론을 이끌어 가기보다는 아이들이 스스로 논거를 마련하도록 해야 한다. 일단 아이들의 생각이 어떤지 물어보고 그 생각에 논리적인 허점이 있으면 그것을 지적해서 다시 생각해볼 수 있도록 도와주도록 하자. 함께 관련 자료를 찾아봐주는 것도 좋다.

디베이트를 마칠 무렵이면 대부분의 토론자들이 흥분 상태에 있다. 수많은 생각과 논리들이 공중에서 부딪히고 깨지며 전기 자극이 온 상태가 됐기 때문이다. 혼란스럽기도 하고, 예상했던 대로 토론이 풀리지 않아 아쉬움이 있을 수도 있다. 이때 선생님은 토론자들을 "수고했다."라고 격려하며 기분을 가라앉혀야 한다.

사회자의 역할

소규모 디베이트 수업에서는 원활한 진행을 위해 사회자를 두는 게 좋다. 사회자는 디베이트를 처음부터 끝까지 진행하는 동시에 분위기를 조절해주는 역할을 한다.

예를 들어, 찬성 팀과 반대 팀이 너무 격렬하게 토론을 벌이고 있으면 "목소리를 조금 낮춰 달라.", "상대방에게 예의를 지켜 달라."라고 요청하면서 차분한 분위기를 유도한다. 반대로 토론자가 이야기를 제대로 하고 있지 않을 때, "좀 더 적극적으로 토론에 임해 달라.", "목소리가 잘 안 들리니 좀 크게 이야기해 달라."와 같은 요청을 할 수도 있다. 또한, 디베이트의 교차 질의 순서 때 같은 이야기가 계속 반복되는 경우 다른 주제로 옮기도록 유도하는 것도 사회자의 역할이다.

디베이트가 끝나고 분위기가 조금 가라앉으면 사회자가 토론의 총평을 해야 한다. 무슨 팀이 어디서 어떻게 잘했다는 것을 이야기해야 하므로 사회자 역시 토론이 진행되는 내내 긴장을 늦추지 말고 관심을 기울여야 한다.

승패를 가리기보다 칭찬으로 마무리하는 수업

소규모 디베이트 수업의 경우 승패가 수업의 분위기를 좌지우지하는 경우가 많으므로 심판은 선생님이 보는 게 좋다.

디베이트를 심판할 때는 심사의 기준을 정하고 밝혀야 한다. 예를 들어서, 입안과 반박에서 얼마나 논리적으로 주장을 펼쳤는지, 근거와 예시는 적합했는지, 교차 질의할 때 상대편의 논리적 허점을 얼마나 잘 지적했는지, 말할 때 속도와 성량은 적당했는지, 상대 팀의 이야기를 경청했는지, 팀워크는 좋았는지, 자료 조사는 열심히 해왔는지 등의 항목을 정하는 것이다.

하지만 이처럼 기준을 가지고 점수를 내더라도 승패를 나누는 일은 조심 또 조심해야 한다. 시쳇말로 결과를 '쿨' 하게 받아들일 준비가 되어 있지 않은 경우에는 승패를 나누는 게 순 작용보다는 부작용이 더 크다. 괜히 마음만 상하고, 디베이트에 대한 의욕이 꺾이는 것이다.

<디베이트 수업 심사의 기준>

총 100점을 기준으로 하되, 항목별로 부족한 점이 드러날 때는 -1점을, 잘했을 때는 +1점을 주어 최종 합산한다.

1. 근거가 논리적으로 제시되었나? (30점)
2. 주장에 일관성이 있었나? (10점)
3. 자료의 출처가 밝혀졌나? (10점)
4. 말하는 속도와 성량이 적당했나? (10점)
5. 경청하는 자세는 좋았나? (15점)
6. 팀워크가 잘 이뤄졌나? (15점)
7. 시간을 얼마나 잘 지켰나? (10점)

그래서 나는 승패를 나누기보다는 심사의 기준을 중심으로 각 팀이 무엇을 잘했는지 구체적으로 평가하면서 칭찬해준다. 자료를 잘 찾아온 친구, 말할 때 목소리가 좋았던 친구, 교차 질의 때 같은 팀 친구가 수세에 몰리자 메모를 전달하며 적극적으로 도와준 친구, 상대편의 주장을 잘 듣고 예리하게 논리적 허점을 집어낸 친구…. 칭찬이 구체적이어야 아이들 자신이 뭘 잘했는지 이해가 빨라진다.

이렇게 '잘하는 것을 더 잘하게 하자.'는 쪽으로 심판이 아니라 평가에 초점을 맞추면 수업 분위기가 훨씬 부드러워진다. 못하는 친구들을 배척하지 않고, 디베이트의 결과보다는 과정을 즐기게 된다.

다만, 승패를 의연하게 받아들일 준비가 돼 있는 초등학교 고학년생들이나 중, 고등학생들이라면 판정을 내려 승패를 가르는 것이 좋다. 논리를 가지고 상대방을 설득해 승리를 인정받는 기쁨은 디베이트에서 꼭 한 번 맛봐야 할 재미이기 때문이다.

놓치지 말아야 할 논리 점검

디베이트가 끝나고 나서 칭찬 위주의 화기애애한 분위기로 총평을 하더라도 '논리' 점검을 놓쳐서는 안 된다.

디베이트를 할 때 아이들이 많이 하는 실수가 있다. 예를 들어 자신의 경험과 생각을 보편적인 판단의 기준으로 삼는 것이다. "저희 아버지는 자장면보다 짬뽕을 좋아하시고, 어머니도 짬뽕을 좋아하세요. 저도 자장면보다 짬뽕이 좋거든요. 그러니 우리나라 사람들은 자장면보다 짬뽕을 좋아한다고 말할 수 있어요."라고 할 때 무엇이 문제일까? 자신과 가족의 사례만 가지고 모든 사람이 그러리라 판단하는 오류를 범한 것이다. 이것을 '성급한 일반화의 오류'라고 한다.

민혁이는 '초등학생들의 스마트폰 사용은 금지돼야 한다.'라는 주제로 디베이트를 할 때 다음과 같은 입안을 발표했다. "초등학생들이 스마트폰 사용을 하게 되면 19금 영상이나 사이버 폭력, 비속어 등에 노출된다. 그래서 마음의 상처를 받아서 자살할 수 있다."라고 말이다.

물론 초등학생들이 무분별하게 스마트폰을 사용하게 되면 여러 가지 문제점이 생길 수 있다. 하지만 스마트폰 사용이 자살로 이어진다는 게 스마트폰을 사용하는 모든 초등학생에게 해당할 수 있을까? 이것은 '논리적인 비약'이다. 누구나 수긍할 만한 사례를 근거로 들어야 설득력을 가진다. 예를 들어 '스마트폰으로 게임을 하다가 학교 숙제나 공부를 못하게 돼 부모님께 야단을 맞게 된다.' 거나 '게임 아이템을 사느라 용돈을 허비하게 된다.'는 등 누구나 고개를 끄덕일 만한 근거를 제시하는 게 중요하다.

중학생인 현지는 '선행학습은 금지되어야 한다.'라는 주제로 토론을 할 때 "요즘은 선행학습이 없으면 큰일 나는 시대다. 성적이 마치 생사를 결정하는 것처럼 여겨지고 있기 때문이다."라고 말했다. 공부에 욕심이 있는 녀석이라 무엇을 말하고자 했는지 충분히 이해는 되지만 '성적 = 생사를 결정하는 일'이라는 주장을 수긍할 순 없다. 이 생각이 모든 학생에게 적용되는 보편적인 생각은 아니기 때문이다.

초등학교 6학년인 영민이는 '자녀가 부모를 봉양해야 한다.'라는 주제로 토론을 할 때, "자녀가 태어나서 대학을 졸업할 때까지 드는 비용이 약 3억 원이라는 기사를 읽었다. 그렇기 때문에 자녀는 부모를 봉양해야 한다. 그 비용을 갚지 않으면 부모가 자녀가 키워준 게 의미가 없어지기 때문이다."라고 이야기했다.

평소 성실한 친구라서 자녀 양육과 교육에 드는 비용이 얼마인지 신문 기사를 찾아본 것까지는 칭찬할 만하다. 그런데 세상의 어떤 부모가 자녀에게 든 교육비와 양육비를 돌려달라고 말하겠는가. 3억을 받지 못하면 '부모가 자녀를 키워준 게 의미가 없다.'라는 주장은 마음을 다해 자녀를 키워준 부모님들이 들으면 매우 서운해할 말이다.

반면, 선생님을 깜짝 놀라게 할 만큼 논리적인 아이도 있다. '학교에서 탄산음료 판매를 제한해야 한다.'라는 주제로 디베이트를 했을 때 찬성 팀을 맡았던 초등학교 5학년 학생이 다음과 같은 발언을 했다. "아이들이 탄산음료를 많이 마셔서 비만이 되고 어른이 됐을 때 성인병에 걸리게 되면 그것은 모두 국가의 부담이 된다. 왜냐하면 각종 성인병을 치료하기 위해 의료보험 혜택을 많이 받게 될 테고 그것은 결국 국가에 부담을 지우기 때문이다." 다른 친구들이 미처 생각해보지 못한 국가적인 부담을 논리적으로 풀어내 찬성 팀의 주장에 힘을 실어준 것이다. 평소에 까불까불 하고 장난꾸러기라 주의를 많이 듣던 친구인데 얼마나 진지하게 이런 멋진 이야기를 하던지, 폭풍 칭찬을 퍼부었다. 이렇게 논리적인 근거를 들어서 자신의 주장을 펼친 아이들에게는 아낌없는 칭찬을 주어야 한다.

논리를 키우는 가장 좋은 방법은 생각이 다른 여러 친구와 꾸준히 디베이트를 하면서 편협한 자기 생각을 돌아보고 논리적인 허점을 돌아보는 것이다. 또 한 가지 좋은 방법은 논리와 관련된 책을 읽는 것이다. 드라마 '응답하라 1988'에서 정환(류준열)이가 읽어 화제가 됐던 "반갑다, 논리야"(위기철, 사계절) 시리즈는 아이들이 쉽고 재밌게 논리를 배울 수 있는 좋은 책이다. 초판이 1992년도에 나왔으니 출간한지 30년이 넘은 책이지만 초등학교 4, 5학년이 되면 꼭 읽어보도록 권하는 책이다. "논리학 사용설명서"(케빈 리, 이지스에듀)도 쉽게 저지를 수 있는 논리적 오류를 바로잡는 방법을 알려준다. 이렇게 논리와 관련된 책을 꾸준히 읽으면 아이들의 생각도 조금씩 여물어진다.

부족한 점을 이야기하되 성장을 지켜본다

디베이트 수업을 마무리할 때는 아이들에게 디베이트에 있어서 보강해야 할 부분을 이야기해준다. 목소리가 작은 아이에게는 "자신감을 느끼고 배에 힘을 주어서 이야기하면 좋겠다."라고 말해주고, 출처가 불분명한 자료를 근거로 제시한 친구에게는 "앞으로는 조사기관이 어디고, 언제, 누구를 대상으로 한 조사였는지도 밝히면 좋겠다."라고 조언한다. 상대 팀이 이야기를 할 때 귀담아듣지 않는 아이에게는 "잘 들어야 반박을 잘할 수 있다. 메모를 하면서 들어볼까?" 하고 이야기해준다.

이러한 선생님의 충고를 귀담아듣고 노력하려는 아이에게는 칭찬을 아끼지 말아야 한다. 늘 출처를 밝히지 않고 근거를 대던 친구가 "어느 기관에서 언제 조사한 바에 따르면"이라고 말했다면, 선생님은 그 순간을 놓쳐서는 안 된다. "아무개가 오늘 출처를 정확히 말해줘서 주장에 신뢰를 높였구나. 정말 멋지다!"라고 말이다.

목소리가 잘 안 들릴 만큼 작게 말하던 보경이에겐 수업 30분 전에 와서 선생님이랑 같이 책 읽기를 해보자고 권유했다. 책을 소리 내어 읽으면서 발성을 연습하고, 정확한 발음을 내도록 연습했는데 이후 발표력이 조금씩 나아졌다. 그것을 먼저 알아본 친구들이 "보경이 목소리가 잘 들려요!"라고 칭찬을 하자 보경이에게 자신감이 붙었다.

디베이트를 지도하는 부모님이나 선생님은 아이들의 이야기를 잘 들어야 할 뿐 아니라 무엇을 잘하고 무엇이 부족한지 세심히 관찰해야 한다. 애정 어린 관심과 조언은 아이들을 발전시키고 '더 잘 해봐야지' 하는 의욕을 갖게 한다.

칭찬에 인색하지 말자

많은 아이를 만나면서 우리 아이들이 '칭찬에 굶주려 있다'는 느낌을 받을 때가 많다. 너무 거친 표현인지는 모르겠지만 이것만큼 정확한 표현을 못 찾아서 학부모님들을 뵐 기회가 있을 때마다 열심히 떠드는 이야기이기도 하다.

어렸을 때는 칭찬을 곧잘 듣던 녀석들도 초등학교 고학년이 되면 어딜 가나 야단맞을 일이 생긴다. 성적이 수면에 올라오는 시기와 맞물려있기 때문이다. 학원 친구들 간의 실력 차이가 눈에 띄게 드러나고, 학교에서도 단원 평가를 보기 시작한다. 그렇다 보니 "왜 그것밖에 못 하니?", "옆집 누구는 이런데 너는 왜 그러니?", "그만 놀고 공부 좀 해라!"와 같이 비교를 전제로 한 이야기를 듣게 된다. 비록 겉으론 내색을 안 하더라도 아이들은 그러한 크고 작은 이야기에 상처를 받는다. 그리고 그 상처를 꼭꼭 가슴에 담아 둔다. 어쩌다 속내를 드러낼 때 눈에 맺힌 눈물을 보면 아이의 힘든 마음이 고스란히 전해진다.

"엄마가 공부 안 하면 집을 나가라고 했어요. 그래서 진짜로 집을 나왔는데 마땅히 갈 데가 없어서 놀이터에서 몇 시간 있다가 다시 들어갔어요. 너무 화가 나고 엄마가 미웠어요." 이렇게 자신의 이야기를 털어놓는 상태라면 그나마 괜찮은 거다. 마음속에 상처가 가득 찬 아이들은 갑자기 욕을 하거나 다른 친구들을 때리거나 엉뚱한 행동을 하며 그 분노를 표출한다. 그 내면엔 관심과 사랑을 간절히 바라는 마음이 있다.

아이들을 잘 자라게 하는 힘이 바로 '칭찬'이다. 영혼이 없는 칭찬이 아닌, 진심이 담긴 칭찬 한마디에 아이들은 자신이 정말 멋진 사람이라고 여기고 자신감을 갖는다. 학교에서 문제아라고 낙인이 찍힌 아이도 칭찬 앞에 콧구멍을 씰룩거리며 좋아하는 모습을 본 게 한두 번이 아니다. 다만 '무엇을, 왜 잘했는지' 구체적으로 이유를 말해줘야 아이에게 긍정적인 메시지를 줄 수 있다.

심리학자 이민규 교수가 쓴 "끌리는 사람은 1%가 다르다"(더난출판)에서는 칭찬의 구체적인 방법 7가지를 제시하고 있다.

첫째, 막연하게 하지 말고 구체적으로 칭찬하라.
둘째, 본인도 몰랐던 장점을 찾아 칭찬하라.
셋째, 공개적으로 하거나 제삼자에게 전달하면서 칭찬하라.
넷째, 차별화된 방식으로 칭찬하라.
다섯째, 결과뿐 아니라 과정을 칭찬하라.
여섯째, 예상외의 상황에서 칭찬하라.
일곱째, 다양한 방식을 찾아서 칭찬하라.

자녀가 있거나 교육자라면 이 중 첫째, 다섯째 칭찬 방법을 반드시 눈여겨봐야 한다. "시험 성적이 좋네!"라는 칭찬보다 "시험 기간 내내 계획을 세워서 열심히 하는 모습이 참 기특했다!"가 아이를 춤추게 하는 칭찬이다. 아이의 아주 작은 행동 하나를 딱 집어내서 "너는 글을 쓸 때 연필을 바로 잡고 한 글자 한 글자 열심히 쓰는구나. 참 좋은 태도다."라고 칭찬을 하면 '아, 선생님은 내 작은 모습까지 애정을 갖고 쳐다봐주시는구나.'라고 여기게 된다.

아이가 스스로를 사랑하는 자존감 높은 아이로 자라길 바란다면 학부모님이나 선생님은 이렇게 관심과 사랑을 담은 칭찬을 퍼부어줘야 한다.

우리 집은 늘 시끌벅적하다. 아이들이 큰소리로 토론을 하는 통에 아파트 1층 현관에서도 우리 집 소리가 다 들린다고 한다. 이웃집에는 정말 죄송하지만 그런 얘기를 들을 때마다 내심 자랑스럽다. 우리 아이들이 열심히 토론하면서 생각하는 힘을 키우고 있다는 증거이기 때문이다.

시작이 반이라 했다. 토론 교육이 중요한지는 알겠는데 어떻게 시작해야 할지 몰라 엄두가 나지 않았다면 지금까지 설명한 '퍼블릭 포럼 디베이트' 진행의 실례에 따라 첫 시도를 해보시길 권한다. 아이들을 대상으로 만든 형식이라 익히고 따라 하기 쉽고, 무엇보다 아이들이 재밌어 한다. 아이들의 열띤 모습을 보면 분명 계속 시도해볼 마음이 생기게 될 것이다.

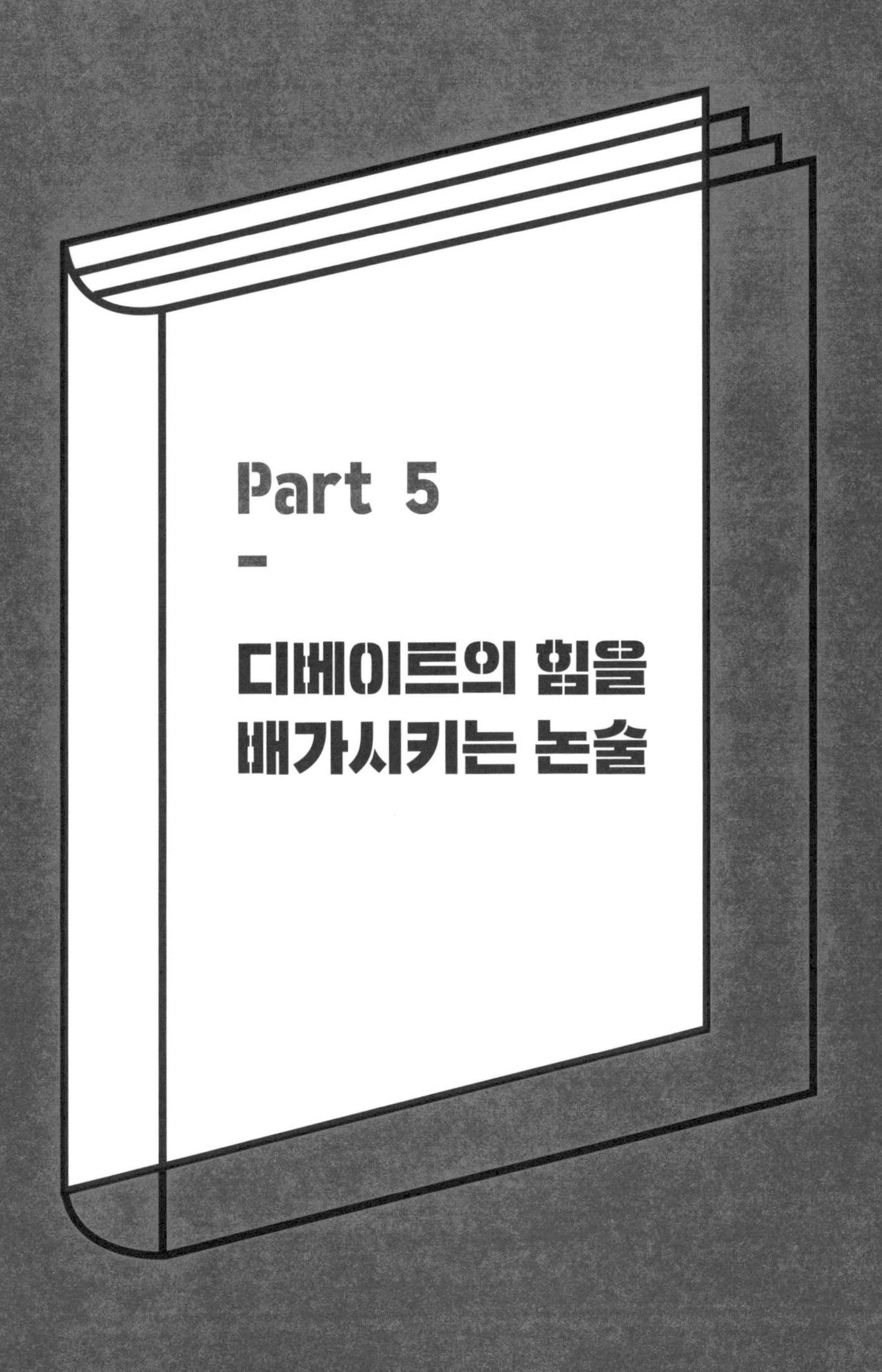

Part 5

디베이트의 힘을 배가시키는 논술

"

'논술'은 말 그대로 내 주장이나 의견을 논리적으로 서술하는 것을 말한다. 어떤 주제에 관해서 디베이트를 열심히 했다면 그것을 주제로 하는 논술은 걱정할 필요가 없다. 디베이트를 준비하면서 이미 그 주제에 관해 자료를 찾아봤고, 입안을 통해 주장의 근거를 정리한 바 있다. 또한 상대 팀의 반박을 통해 나의 주장에서 무엇이 부족했는지 고민해봤다. 그렇다면 이제 다방면으로 따져본 생각의 조각들을 차분하게 글로 엮고 정리하면 된다. 물론 쉽지 않은 일이다. 그러나 훈련을 한다면 논리적인 글은 얼마든지 잘 쓸 수 있다.

유시민의 "글쓰기 특강"(생각의 길)에는 이런 말이 나온다. "문학 글쓰기는 재능의 영향을 많이 받는다. 무언가를 지어내는 상상력, 남들과는 다른 방식으로 느끼는 감수성이 있어야 한다. 그러나 논리 글쓰기는 훨씬 덜 하다. 조금 부풀리면 이렇게 말할 수 있다. '문학 글쓰기는 아무나 할 수 없다. 그러나 논리 글쓰기는 누구나 할 수 있다.'라고 말이다."

이 말에 전적으로 동의한다. 시나 소설, 수필은 타고난 감수성이 필요하다. 하지만 논리적인 글쓰기는 훈련을 통해 후천적으로 계발할 수 있다. 게다가 디베이트와 함께 짝을 이뤄서 하면 쉽게 접근할 수 있다. 디베이트를 하면서 쓸 거리가 풍성해졌기 때문이다. 그 쓸 거리를 서론, 본론, 결론 형식에 맞게 배열하면 완성도 있는 한 편의 글이 된다.

"

01
디베이트와 논술은 함께 가야 효과가 크다

디베이트부터 시작하는 논술은 부담이 적다. 다양한 주제로 꾸준히 디베이트를 하면 논리적인 생각의 흐름을 갖게 된다. '왜냐하면', '예를 들면', '따라서'와 같은 단어와도 친해진다. '왜냐하면'은 내 주장에 대한 '이유와 근거'를 댈 때, '예를 들면'은 근거의 구체적인 예시를 제시할 때, '따라서'는 종합적인 결론을 내릴 때 쓴다. 모두 논리적인 말하기와 글쓰기에서 꼭 필요한 단어이다. 이렇게 디베이트와 논술은 함께 할수록 더 큰 시너지를 낸다.

디베이트의 '입안'을 발전시킨 것이 논술이다

디베이트에서 가장 중요한 것은 '입안'이다. '입안(立案)'은 어떤 안을 세우는 것, 또는 그 안건을 말한다. '입론(立論)', 즉 자신의 주장이나 판단을 내세우는 것이라고 말하기도 한다. 둘 다 내가 속한 팀의 주장을 일목요연하게 펼치되 근거와 예시를 들어서 상대방을 설득하는 데 목적이 있다. 일반적인 토론에서는 주로 '입론'이란 표현을 쓰지만 '퍼블릭 포럼 디베이트'에서는 '입안'이란 표현을 사용하므로, 두 가지 단어를 적절히 함께 사용하였다.

대부분의 디베이트에서 입안 시간은 4분 내외다. 아이마다 말하는 속도가 다르지만 보통 글자 크기 10포인트로 채운 A4 용지 한 장을 읽는 데 대략 4분이 걸린다. A4 용지 한 장은 200자 원고지 8~9매이니, 글자 수로 따지면 대략 1,600~1,800자 정도다.

이렇게 볼 때, 입안의 글자 수는 대입 논술의 글자 수보다 많다. 대입 논술에서 요구하는 글의 글자 수가 보통 1,000~1,500자 내외이기 때문이다. 따라서 평소 입안을 정리하는 훈련을 꾸준히 한다면 대입 논술도 저절로 준비되는 셈이다.

대부분의 아이는 디베이트를 재밌게 하고 나서도 "논술은 다음 시간에 하면 안 돼요?", "논술은 하지 말고 디베이트 더 해요."라고 말한다. 그런 아이들을 다독여서 글의 즐거움을 깨닫게 하는 일은 어려운 일이다. 하지만 "디베이트 했을 때 생각했던 것을 잘 정리하면 돼. 하나도 어렵지 않으니 너도 잘할 수 있어."라고 격려하며 글쓰기를 유도한다. 논술은 타고난 재능보다 훈련과 습관이 더 중요한 글쓰기이기 때문이다.

원고지에 글쓰기

아이들이 처음 논술을 배울 때는 될 수 있으면 원고지에 쓰도록 한다. 원고지에 글을 쓰면 원고지 칸에 맞게 글자를 꽉 채워 쓰게 돼 글씨체를 바르게 하는 데 도움이 되고, 띄어쓰기와 문장 부호 등도 자연스럽게 습득할 수 있다.

원고지 쓰는 법은 조금씩 차이가 있지만, 첫 줄 왼쪽에 글의 종류를 밝히고, 두 번째 줄 가운데에 글의 제목을, 세 번째 줄 오른쪽에 맨 뒤 두 칸을 비우고 이름을 쓰는 게 일반적이다.

글의 첫 문장은 이름 아래 한 줄을 비우고 그다음 줄의 첫 칸을 들여쓰기 한다. 문단을 나눌 때는 다음 줄에 한 칸을 띄고 시작하고, 줄 끝에 비울 칸이 없으면 V 표를 하고 다음 줄 첫 칸부터 쓴다.

대화문과 인용문은 반드시 줄을 바꾸어 쓰고, 전체를 한 칸 들여 써야 한다. 여는 따옴표(", ')는 한 칸의 오른쪽 위에, 닫는 따옴표(", ')는 한 칸의 왼쪽 위에 쓴다. 온점(.)과 반점(,)은 칸의 왼쪽 아래에 쓰고, 물음표(?)와 느낌표(!)는 글자처럼 한 칸의 중간에 쓰고 다음 한 칸을 띄운다.

〈원고지에 글쓰기 예시〉

원고지에 글을 쓰면 내가 글을 얼마나 썼는지 가늠이 된다. 200자 원고지 3매를 채워 글을 썼다면 600자 정도를 썼음을 알 수 있다. 처음에는 3매도 겨우 채우던 아이가 5, 6매를 너끈히 채워 쓰면 참 뿌듯하다. 그만큼 쓸 거리, 생각거리가 많아졌다는 뜻이기 때문이다.

원고지뿐 아니라 원고지 형식의 공책도 많이 판매하니 적당한 것을 골라서 열심히 글을 쓰도록 격려하자.

0 2

논술의 계획 및 실행

논술을 가르칠 때면 먼저 "바로 쓰지 말고, 계획을 먼저 하라."라고 얘기한다. 주어진 시간 안에 글을 완성해야 하는 아이 입장에선 "글 쓸 시간도 빠듯한데 언제 계획까지 하고 써요?"라고 되물을 수도 있다. 하지만 계획을 잘 세워야 글 쓰는 시간이 줄고, 완성도 있는 글을 쓸 수 있다.

그렇다면 논술을 하기 전에 어떻게 계획을 세우는 게 좋을까? 논제를 정확히 파악하고, 내 주장을 뾰족이 세우면서, 글쓰기 전 뼈대를 잡는 것이 무엇보다 중요하다. 디베이트에서의 입안과 마찬가지다.

논제 파악하기

논술하기 전 가장 중요한 것은 '논제'를 정확히 파악하는 것이다. 참으로 당연한 말 같지만 의외로 가장 쉽게 놓치는 부분이다. 논제에선 A를 묻는데 B에 관해서 썼다면 그 글이 아무리 논리적이고 훌륭해도 동문서답일 뿐이다. 그러니 논술 수업을 시작할 때 아이들에게 논제를 두 번 이상 읽어서 뭘 묻는지 정확히 파악하도록 지도하자. 논제의 중심 단어에 동그라미를 그리거나 밑줄을 긋도록 연습시키는 것도 좋다.

나의 주장 명확하게 요약하기

논제를 파악했으면 그다음으로 해야 할 일은 내 주장을 한두 줄로 요약해보는 것이다. 이도 저도 아닌 중간자적 입장보다 확실하게 찬성인지 반대인지, 그것을 해야 하는지 말아야 하는지 입장을 분명하게 정하는 게 좋다.

예를 들어 '우리나라는 통일을 해야 하나?'라는 주제를 줬다고 하자. 그러면 "통일을 해야 한다." 또는 "통일을 하는 것보다 현재와 같은 분단 상태가 낫다." 등 내 입장을 명확하게 해야 한다. "통일을 해도 좋고, 안 해도 된다."와 같은 애매모호한 입장은 독자들을 혼란에 빠뜨릴 뿐이다.

혹자는 "두 가지 주장을 조화롭게 엮어서 써도 되지 않나?"며 반문

한다. 또 어떤 사람은 "A 아니면 B다."와 같이 글을 쓰도록 가르치는 것은 아이들에게 흑백논리를 가르치는 일이 아니냐며 우려를 나타내기도 한다. 하지만 중간자적 입장의 글은 "그래서 결론이 뭐야?", "무슨 말을 하겠다는 거야?"라는 반문만 낳는다. 그렇기 때문에 논제에 대한 내 주장을 두루뭉술하게 세우지 말고, 뚜렷하고 정확하게 세워야 한다.

내 생각을 한두 줄로 요약하는 훈련은 평소 책 읽기나 신문 읽기를 할 때도 적용할 수 있다. 책을 읽고 나서 주제, 즉 '작가가 이 책을 통해 독자들에게 말하고자 한 바가 무엇인지', 또는 '내가 이 책을 읽고 느끼고 생각한 점'을 한두 줄로 써보게 한다. 신문 기사나 사설을 읽고 나서 그 내용을 요약해보는 것도 도움이 된다. 신문의 경우, 단락별로 핵심 단어와 문장을 먼저 찾게 하고, 그 단어와 문장을 중심으로 내용을 요약하는 것도 효과적이다.

글의 뼈대 세우기

논제에 맞춰 내 주장을 뾰족하게 세웠다면 그다음으로 할 일은 글의 구성을 하는 것이다. 글의 뼈대를 세우는 과정인데, 왜 이 글을 쓰는지와 내 견해를 밝히는 '서론', 내 주장에 대한 구체적인 근거와 예시를 드는 '본론', 내 주장대로 했을 때 어떻게 될지 예측해보거나 더 좋은 대안을 제시해보는 '결론' 등을 정리하여 글을 어떻게 끌고 갈지 미리 생각해 보는 것이다.

이렇게 글의 뼈대를 먼저 세우면 좋은 점은 크게 세 가지다.

첫째, 글의 논지가 흐트러지지 않고 일관성을 갖는다. 아이들의 글을 읽다 보면 간혹 처음에는 A를 주장하다가 중간에는 B를 주장하더니 마무리는 C로 날 때가 있다. 이렇게 논지가 흐트러지면 설득력을 잃는다. 뼈대를 세우면 처음부터 끝까지 논지를 일관적으로 끌고 나갈 수 있다.

두 번째 장점은 글의 양을 조절할 수 있다는 것이다. 사람도 비율 좋은 사람이 옷을 입었을 때 더 멋져 보이듯, 글도 비율을 잘 갖추면 전체적으로 완성도 있게 보인다. 서론만 잔뜩 쓰다가 본론과 결론을 후다닥 쓴 글은 머리만 큰 가분수 글이 된다. 반면, 서론과 본론이 제대로 있지 않은 상태에서 결론만 잔뜩 있으면 하체가 비만인 글이 된다.

논술대회나 대학교 입시 논술을 보면 대부분 '800자 내외로 써라.', '1,200자 내외로 써라.' 등 글자 수를 정해준다. 만약 800자 내외로 쓰라고 했다면 대략 원고지 한 장은 서론, 두 장은 본론, 나머지 한 장에 결론을 쓰면 된다.

마지막으로 글을 구성한 후 쓰면 내가 하고 싶은 말을 빠뜨리지 않을 수 있다. 생각이 떠오르는 대로 글을 쓰다 보면 정작 하고 싶은 말이 빠져버리는 경우가 자주 발생한다. 그러니 논리적인 글을 쓸 때는 글의 뼈대를 세우는 것을 최우선으로 해야 한다.

<구성의 예 1 - 초등학교 4, 5학년>

*** 논제** : 초등학교에서는 대부분의 담임 선생님이 학생들의 일기장을 검사한다. 하지만 일기는 매일 그날 겪은 일이나 생각, 느낌 따위를 적는 개인의 기록으로 사생활이나 비밀이 담기는 글이다. 이러한 글을 누군가에게 검사받는다는 게 과연 옳은 일일까? 자신의 의견을 논리적으로 서술하라.

*** 내 주장** : 초등학교에서 담임 선생님이 일기장을 검사하는 것은 학생들에게 여러 가지 장점이 있기 때문에 찬성한다.

*** 제목** : 초등학생들의 일기 검사에 찬성한다(가제)

*** 뼈대 세우기**

서론 - 일기란? / - 일기검사에 대한 논란과 내 입장(찬성)

본론

- 첫째, 선생님과 대화의 통로가 된다. 일기를 통해 선생님이 학생들에 대해 더 잘 알게 되기 때문이다.

예) 친구 간의 왕따 문제나 어려운 점을 알고 도와줄 수 있다.

- 둘째, 일기 검사를 하면 억지로라도 일기를 쓰게 돼 더 훌륭한 사람이 될 수 있다.

예) 이순신 장군의 "난중일기"

- 셋째, 매일 일기를 씀으로써 글쓰기 실력을 향상할 수 있다.

이유) 글은 쓰면 쓸수록 늘기 때문이다.

결론 - 초등학생들의 일기 검사는 중요하다. 다만, 선생님이 아이들의 사생활을 잘 지켜주고, 관심을 가지면 좋겠다.

<구성의 예 2 - 중학교 1, 2학년>

* **논제** : 유명 연예인의 반려견이 사람을 물어 사망하게 한 사건 이후 정부에서는 체고(발바닥에서 어깨뼈 높이) 40cm 이상의 반려견에 대해서 산책 시 입마개를 하도록 하는 방안을 추진한 바 있다. 이 정책을 두고 '반려견에 대한 동물 학대다.'라는 주장과 '개 물림 사고를 위한 안전대책이다.'라는 주장이 엇갈리며 논란이 일었다. 여러분은 40cm 이상의 반려견에 입마개를 씌우는 정책을 어떻게 생각하는가? 자신의 견해를 정해 논술하라.

* **내 주장** : 체고 40cm의 반려견에게 무조건 입마개를 씌우는 일은 반려견의 특성을 고려하지 않은, 고통을 주는 동물 학대다.(반대)

* **제목** : 반려견 입마개를 반대한다(가제)

* **뼈대 세우기**

서론 - 최근 발표한 정부의 정책 / - 반려견 입마개에 대한 논란과 내 입장(반대)

본론

1. 반려견에 입마개 씌우는 것은 동물 학대

: 반려견에게 입은 손, 체온 유지를 위해 입이 자유로워야 한다.

: 입마개를 씌워놓으면 반려견들이 스트레스를 받는다.

2. 정책에 대한 실효성

: 덩치 큰 반려견은 모두 공격적인가?

: 사망 사고를 일으켰던 유명 연예인의 반려견은 체고가 크지 않았다.

: 반려견의 공격성은 체구보다는 교육 정도, 스트레스 정도, 주인과의 관계 등으로 결정된다.

3. 현실적인 문제
: 반려견에게 입마개를 씌우는 일은 쉬운 일인가?
: 입마개 때문에 반려견의 산책이 줄어들 가능성
: 산책 못 한 반려견의 스트레스 가중

결론
- 개 물림 사고를 막기 위한 더 좋은 대안 제시
: 반려견을 키우는 주인 교육, 목줄 반드시 착용하기
: 캠페인(개를 함부로 만지거나 놀라서 뛰어가는 행동을 하지 말자 등)
- 반려견과 사람이 모두 행복한 세상을 위한 배려

밑받침 문장을 충분히 쓰기

디베이트를 할 때 짧게 말하는 아이는 논술할 때도 짧게 쓴다. 입안을 4분까지 할 수 있는데 1~2분을 채우지 못하고 자리에 앉는 아이의 경우, 십중팔구 글도 짧다. 왜 그럴까?

우선, 많은 아이들이 내 머릿속의 생각을 상대방이 안다고 넘겨짚는다. 그래서 '상대방이 다 아는 얘기를 굳이 세세히 설명할 필요가 있을까?'라고 여긴다. 예를 들어 '학교에서 일기장 검사를 하는 것이 사생활을 침해하는 것이다.'라는 자신의 생각이 당연하기 때문에 '왜 일기장 검사가 사생활 침해가 되는지', 정확한 이유를 말해주지 않는 것이다. 이럴 때는 "네 생각을 자세히 설명해주지 않으면 상대방은 이해하지 못한단다. '내 비밀을 선생님이 알게 되는 것 자체가 사생활 침해인지', '내 비밀을 선생님께서 다른 친구들에게 발설하게 돼서 사생활 침해가 되는 건지' 자세히, 친절하게 설명해줘야 해." 하고 구체적으로 생각하는 방법을 가르쳐줘야 한다.

글을 쓸 때도 마찬가지다. 핵심 문장만 쓰지 말고 뒷받침 문장을 충분히 쓰도록 지도해야 한다. "일기장 검사는 사생활을 침해하는 것이므로 반대한다."라는 핵심 문장을 썼다면 왜 그렇게 생각하는지 구체적인 뒷받침 문장을 써줘야 한다. "사생활이란 개인적인 생활 또는 비밀로서 남에게 알리고 싶은 않은 내용을 말한다. 그런데 학교에서 일기장 검사를 하면 내가 남에게 알리고 싶지 않은 내용을 선생님이 알게 된다. 이것은 학부모 상담 때 학부모에게 전달이 될 수도 있고, 일기장 관리가 제대로 이뤄지지 않는다면 나의 사생활이 친구들에게 노출될 수도 있다. 그러므로 일기는 스스로 알아서 쓰게 하고 그것을 학교에서 검사해서는 안 된다."와 같이 충분한 뒷받침 문장이 필요하다.

뒷받침 문장을 잘 쓰기 위해서는 설명이 구체적인 것도 중요하지만 예시나 근거를 많이 들어야 한다. 주제에 관해 자료를 찾다 보면 설문조사 결과나 실험 결과, 해외 사례 등을 읽게 된다. 이러한 구체적인 예시를 출처를 밝혀서 인용하면 좋은 뒷받침 문장이 된다.

수업 중에 아이들에게 밑받침 문장을 강조해도 도무지 집중하지 않으면 '셀프 디스(disrespect, 무례의 준말)'를 하기도 한다. "얘들아, 하고 싶은 말만 짧게 하고 끝내지 말고, 밑받침 문장을 선생님 뱃살처럼 오동통하게 써야 해." 하고 얘기하면 까르르 웃음이 터지면서 "네, 선생님. 선생님의 삼겹살 뱃살처럼 오동통하게 쓸게요."라고 이구동성으로 대답한다. 비록 나는 삼겹살 선생님으로 통할지언정 아이들이 밑받침 문장을 충분히 쓴다면 그것으로 만족한다.

효과적인 문단 나누기

'문단'은 '글월 문(文)'에 '구분 단(段)'를 합친 단어다. 한자 뜻 그대로 '긴 글에서 내 생각을 구분해서 쓰는 것'을 말한다. 그러므로 한 문단 안에는 하나의 생각을 표현하는 문장들이 모여 있어야 한다. 영어로는 '패러그래프(paragraph)'이라고 하고 '글 마디'라고 부르기도 한다.

문단 나누기를 잘하면 독자들이 내 글을 이해하기 쉽다. 우선 글이 뭉쳐져 있지 않아 가독성이 높아진다. 많은 문장이 한 문단 안에 뭉쳐져 있으면 독자들은 읽기 전부터 피로감을 느낀다. 쉬어가며 읽을 수 있게 문단을 나눠줘야 글 읽을 마음이 생긴다.

또한, 독자가 글을 읽다가 문단이 바뀌면 '이제 다른 이야기를 시작하는구나.'라고 짐작할 수 있기 때문에 글에 대한 이해도도 높아진다.

이렇게 문단만 잘 나눠 써도 글쓰기의 절반은 성공한 셈이다.

가르치는 아이 중에 원준이는 문단 나눠 쓰기를 전혀 할 줄 몰랐다. 처음 논술한 것을 읽으니 이 얘기, 저 얘기가 한 문단 안에 짬뽕(?)이 되어 얽혀 있었다. 원준이의 글을 몇 번이고 다시 읽어보니 기발한 아이디어도 눈에 띄고, 나름 논리적인 생각도 많았다.

원준이에게 "너의 생각을 단어만으로 쭉 그냥 나열해보자."라고 했다. 그리고 비슷한 단어들을 묶어서 한 '문단' 안에 펼쳐 보이도록 가르쳤다. 그와 함께 만약 A에 관해서 쓰다가 B에 관해서 쓰려면 다음 줄로 행을 나눠 한 칸 들여쓰기를 한 후 쓰도록 원고지에 글을 쓰는 습관을 들였다.

이런 과정을 통해 밀가루 반죽처럼 하나로 뭉쳐져 있던 생각들을 다시 정리해놓으니 정말 훌륭한 글이 되었다. 이처럼 논리적인 글쓰기는 훈련을 통해 충분히 습득될 수 있는 능력이다.

짧고 정확한 글쓰기

문장은 짧고 정확하게 써야 힘이 있다. 논술학원을 오래 다녔다는 지은이는 어딜 가나 글을 잘 쓴다는 칭찬을 받아온 친구였다. 학교에서도 글 잘 쓰는 아이로 통하다 보니 글에 대한 자부심이 컸다. 그런데 막상 지은이의 글을 읽어보니 문장이 너무 길고, 쓸데없는 미사여구가 많았다. 문장이 길다 보니 주술 관계가 정확하지 않고 뜻이 흐려져 몇 번이고 다시 읽어봐야 할 정도였다.

기자들이 선배들로부터 처음 일을 배울 때 가장 많이 듣는 지적이 "필요 없는 말을 빼라."는 것이다. 기사는 정확한 '팩트(사실)'를 전달하는 게 생명이므로 불필요한 미사여구를 빼야 한다. 꾸미는 말이 글의 어감이나 본뜻을 흐리게 할 수도 있기 때문이다.

논리적인 글쓰기도 기사 쓰기처럼 불필요한 말을 빼야 한다. 될 수 있으면 불필요한 군더더기 말을 빼고 근거와 예시를 들어서 짧고 정확하게 쓰는 게 좋다.

주술 관계를 정확하게 하는 것도 중요하다. 주어와 서술어의 호응이 맞지 않으면 글이 난해해진다. 보통 문장이 길어지면 주술 관계가 맞지 않게 되는 경우가 많다. 문장을 시작할 때는 A가 주어였는데 문장이 길어지다 보니 중간부터 B가 주어가 되는 식이다. 그래서 논리적인 글쓰기를 어려워하는 친구일수록 문장을 짧게 쓰는 습관을 들이도록 해야 한다.

맞춤법을 틀리거나 어미를 통일시키지 않는 것도 아이들이 하기 쉬운 실수다. '~하다'로 반말을 쓰다가 갑자기 '~합니다'와 같이 존댓말을 쓰는 경우가 있다. 이렇게 맞춤법에 어긋나거나 어미가 통일되지 않으면 독자가 그 글을 편하게 신뢰하며 읽기 어렵다.

〈어색한 문장의 예 1〉

주제 : 귀화한 외국인 선수도 국가대표 선수가 될 수 있나?

(중략)
우리나라는 이미 다문화 국가이다. 우리나라는 이미 다른 나라 사람들 또는 선수들이 국적을 한국으로 바꾼 사람들이 있기 때문에 그 사람들이 국적은 한국이지만 외국에서 살았다고 국가대표가 될 수 없는 건 아니기 때문에 국적이 한국인 선수든 외국인 선수든 그냥 국적이 다른 나라인 선수든 국가대표가 될 수 있습니다.
(중략)

··· 두 번째 문장이 지나치게 길다. '우리나라는 이미'와 '~ 때문에'가 두 번 반복되었으며, 비슷한 표현이 겹쳐있다. 또한, 어미가 통일되지 않아 완성도가 떨어진다.

<수정 후>

우리나라는 이미 다문화 국가이다. 우리나라에는 국적을 한국으로 바꾼 사람들이 많다. 그 사람들이 원래 외국에 살았다는 이유로 국가대표가 될 수 없는 것은 아니다. 원래 가지고 있던 국적이 어떻든 현재 가지고 있는 국적이 한국이라면 국가대표 선수가 될 수 있다.

〈어색한 문장의 예 2〉

주제 : 친구들끼리는 욕을 써도 될까?

(중략)
욕은 나쁜 말이다. 그리고 욕에는 않좋은 뜻이 많다. 욕은 마음에 상처를 쓴다. 아무리 친한 친구여도 욕을 생각 없이 내뱉는다. 생각 없이 내뱉은 욕 때문에 친구의 마음을 해칠 수도 있다. 그리고 욕에는 않좋은 뜻이 있다. '개○○'는 패밀리 드립이다. 이 욕은 부모까지 욕한다. 이와 같이 욕은 뜻이 나쁜 경우가 대부분이다.
(중략)

··· 욕에는 나쁜 뜻이 담겨 있어 친구들끼리라도 쓰지 않는 게 좋겠다는 주장이 담긴 글이다. 그러나 비슷한 표현이 반복돼 있고, 틀린 맞춤법(않좋은 → 안 좋은)도 눈에 거슬린다.

<수정 후>

욕은 나쁜 말이다. 아무리 친한 친구 사이여도 생각 없이 내뱉으면 상처를 준다. 왜냐하면 욕에는 안 좋은 뜻이 담겨 있기 때문이다. '개○○'의 경우, 부모를 욕하는 뜻이 담겨 있다. 따라서 욕은 나쁘다.

〈어색한 문장의 예 3〉

주제 : 우리나라도 비만세를 도입하는 게 바람직한가?

우리나라도 비만세를 도입하는 게 바람직하다. (중략) 첫 번째로는 비만 인구는 심각한 재정 적자가 일어난다. 고혈압, 당뇨 등의 성인병 등이 일어날 때 국가의 기관인 병원에서 다 치료를 해야 되기 때문에 한 사람의 개인적인 일이 아닌 국가와 함께 나눌 문제이기도 하다. (중략)

⋯› 주술 관계(비만 인구는~ 일어난다)가 맞지 않고, 잘못된 정보(병원을 국가 기관으로 서술)를 전달해 글의 신뢰도가 떨어진다.

<수정 후>

우리나라도 비만세를 도입해야 한다. (중략) 그 이유는 첫째, 비만 인구가 심각한 재정 적자를 일으키기 때문이다. 비만은 고혈압, 당뇨 등의 성인병을 발생시켜 병원 치료를 받게 하고, 이것은 의료 보험비를 들게 해 국가에 부담을 지운다. 그러므로 비만을 개인적인 문제로 해결할 게 아니라 비만세를 도입해 국가적으로 해결해야 한다고 생각한다.

〈어색한 문장의 예 4〉

주제 : 성적표에 등수를 기재해야 할까?

얼마 전부터 중, 고등학교에서 성적표에 등수를 매기지 않는다. 그 이유는 학생들의 인권을 보호하기 위해서다. 그렇지만 나는 성적표에 등수를 매겨야 못 하는 사람은 노력을 하고 잘하는 사람은 인정을 받을 수 있다. 대학도 등수로 매겨 가면 더 잘하는 사람을 알 수 있다. (중략)

⋯› 세 번째 문장에서 주술 관계(나는 ~ 인정을 받을 수 있다)가 잘못되었고, 네 번째 문장은 표현이 어색하다.

<수정 후>

얼마 전부터 중, 고등학교의 성적표에도 등수를 기재하지 않고 있다. 그 이유는 학생들의 인권을 보호하기 위해서다. 그렇지만 나는 성적표에 등수를 기재해야 못 하는 학생은 노력을 더 하게 되고, 잘하는 학생은 인정을 받을 수 있어 좋다고 생각한다. 또한 학교 성적표에 등수가 기재되어 있어야 대학에서도 누가 잘하고 못 하는지 알고 좋은 학생을 뽑을 수 있을 것이다.

"하루를 연습하지 않으면 내가 알고, 이틀을 연습하지 않으면 아내가 알고, 사흘을 연습하지 않으면 청중이 안다."

20세기 후반 클래식 음악계를 이끈 마에스트로 레너드 번스타인(Leonard Bernstein)의 말이다. 그는 끊임없는 연습으로 세계 최고의 지휘자이자 작곡자, 연주자가 되었다.

디베이트와 논술도 마찬가지다. '꾸준히' 해야 실력이 늘고, 그 실력이 유지된다. 명절 연휴나 여행 등으로 아이들이 수업에 빠지게 되면 다음 수업 시간에 만났을 때 확실히 공백이 느껴진다. 일주일, 이 주일에 한 번씩이라도 빠트리지 말고 꾸준히 디베이트와 논술을 하자. 차곡차곡 쌓인 실력만큼이나 아이들의 생각의 근력이 단단해진다.

03
좋은 논술문 읽기

"반지의 제왕"을 쓴 작가 J. R. R. 톨킨(J. R. R. Tolkien)과 "나니아 연대기"를 쓴 작가 C. S. 루이스(C. S. Lewis)는 옥스퍼드 대학을 함께 다니는 친구였다. 그들은 '잉클링스(Inklings)'라는 독서 모임의 일원이었는데 옥스퍼드 근교에 있는 맥줏집에서 신화와 성경을 읽고 많은 대화와 토론을 즐겼다고 한다. 또한, 서로가 쓴 글을 낭독해서 읽고 아이디어도 교환하고 조언도 해줬다고 한다. 그 덕분에 두 사람은 지금까지도 전 세계 사람들이 사랑하는 문학 작품을 완성할 수 있었다.

우리 아이들에게도 함께 글을 쓰고 서로의 글을 읽어줄 친구가 있다면 많은 의지가 될 것이다. 소규모 그룹으로 논술 수업을 할 때는 선생님뿐 아니라 함께 수업하는 친구들이, 학급에서는 짝이나 모둠 친구들이 서로의 독자가 되어주도록 하자. 글쓰기 공책을 서로 돌려 읽으며 각자 느낀 점을 친구의 공책에 한두 줄씩 써주는 것도 좋다. 친구가 남긴 글을 읽고 스스로 깨닫는 것도 선생님이 일대일로 첨삭 지도를 하는 것만큼 좋은 자극이 된다.

반대로 주장은 분명했는지, 근거와 예시는 적절했는지, 창의적인 표현이 있었는지, 글의 길이는 적당했는지 등 친구의 글을 잘 읽어보는 것만으로도 훌륭한 글쓰기 공부가 된다. 같은 주제의 글이어도 중요하게 생각한 근거와 풀어낸 표현 방식이 모두 다르기 때문에 여러 글을 읽다 보면 누구의 글이 어떤 면에서 더 나은지 비교해볼 수 있다.

좋은 논술문의 대표적인 형식이 칼럼이다. 신문의 경우 언론사의 의견을 담은 사설이 실리는데 분량은 보통 200자 원고지 6매~7매, 1,200자~1,400자 내외이고, 서론-본론-결론의 형식을 잘 갖춘 논리적인 글이므로 좋은 논술문의 사례가 된다. 다만, 사설은 언론사 입장에 따라 같은 주제여도 다른 논조로 표현될 수 있으므로 아이들에게 읽힐 때는 주의가 필요하다. 같은 주제의 서로 다른 성향의 신문 사설을 동시에 읽히는 것도 방법이다.

이 외에 각 분야 전문가들이 자신의 이름을 걸고 쓰는 기명 칼럼, 시론, 오피니언 등도 논술을 배우기에 좋은 교과서이다. 이러한 칼럼은 사설보다 글이 길다. 원고지 8매~12매, 1,600자~2,400자 내외인데 여러 분야 전문가들의 앞선 생각과 지혜를 알아볼 수 있다는 장점이 있다. 이러한 칼럼을 읽을 때는 아이들에게 서론, 본론, 결론을 나눠보고, 핵심 단어와 문장은 무엇인지, 예시는 어떻게 들었는지를 꼼꼼하게 살피면서 읽도록 지도한다.

이렇듯 논술을 잘하기 위해서는 좋은 글을 많이 읽고, 쓰고, 다른 사람들에게 보여주는 삼박자가 조화를 이루어야 한다. 그 과정을 꾸준히 지속하다보면 누구나 좋은 논술을 할 수 있다. 다음은 내가 지도했던 학생이 쓴 논술문이다. 초등학생이 쓴 글인데도 일관성 있게 논리를 끌고 나가는 힘이 돋보이는 글이니 참고하길 바란다.

공부도 거북이 토끼를 이긴다

(초등학생들의 선행학습은 금지되어야 한다)

○○ 초등학교 6학년 이아현

요즘 대부분의 초등학생들이 공부를 더 잘하기 위해 선행학습을 한다. 학원이나 과외를 하면서 적게는 한 학기, 많게는 2~3년 선행을 하고 있다. 하지만 이렇게 선행학습을 한다고 공부를 더 잘하게 될까? 나는 선행학습이 실제로 공부에 많은 도움을 주지 않으면서 학부모들의 교육비 부담만 키운다고 생각하기 때문에 선행학습이 금지되어야 한다고 생각한다.

첫째, 선행학습은 실제로 공부에 많은 도움을 주지 않는다. 한 자료에 따르면 OECD 국가 중 대한민국의 PISA(수학, 과학 등의 시험) 점수는 세계 2등이라고 한다. 그에 비해 우리나라의 학습자율화지수는 세계 24등으로 낮은 순위를 기록하고 있다. 높은 성적은 주변의 강요나 부모님의 지도 때문이지 학생들 스스로 즐겁게 공부를 한 결과가 아니라는 뜻이다. 학생들에게 중요한 것은 지금 당장의 성적보다 공부에 대한 흥미를 갖는 것이다. 공부가 하고 싶어서 해야 진짜 공부가 된다.

다음으로 선행학습을 금지하게 되면 학생들이 사교육으로 받는 스트레스가 사라진다. 대부분의 학생들이 학원이나 과외를 통해 선행학습을 한다. 주위를 둘러보면 학원 수업이나 과외를 안 받는 친구를 찾아보기 어려운 정도다. 하지만 선행교육은 학생들에게 맞지 않고 어려운 내용일 때가 많다. 왜냐하면 교육 전문가들이 학생들의 지적, 정서적 발달 상황을 고려해 만든 학교 교육을 벗어나 몇 개월에서 몇 년씩 앞서서 배우는 것이기 때문이다. 이 때문에 많은 학생들이 스트레스를 받고 우울감을 느끼게 된다. 선행학습이 금지된다면 이러한 스트레스에서 자유로워질 수 있다.

마지막으로 선행학습을 금지하면 학부모님들의 사교육 부담을 덜 수 있다. 요즘 에듀푸어라는 말이 있다. 자식들 공부시키고 학원 보내느라 경제적으로 어려워진다는 뜻이다. 사교육이 대부분 학원이나 과외로 이뤄지기 때문에 많은 돈이 추가로 든다. 선행학습이 금지되면 부모님의 부담도 줄어들게 되고, 에듀푸어란 말도 사라지게 될 것이다.

이처럼 초등학생들의 선행학습은 학생들 본인에게뿐 아니라 학부모님들을 위해서도 반드시 금지되어야 한다. 초등학생들은 학원에 다니거나 과외를 받는 것 대신에 학교 공부에 충실하면서 자신의 꿈에 대해 탐색해보는 게 중요하다. 다양한 독서와 경험을 하고, 친구들과 어울려 신나게 놀면서 우정도 키울 수 있다. 빨리빨리 배워서 부작용이 생기는 것보다 천천히 배우는 게 결국에는 학생에게나 학부모 모두에게 도움이 될 것이다.

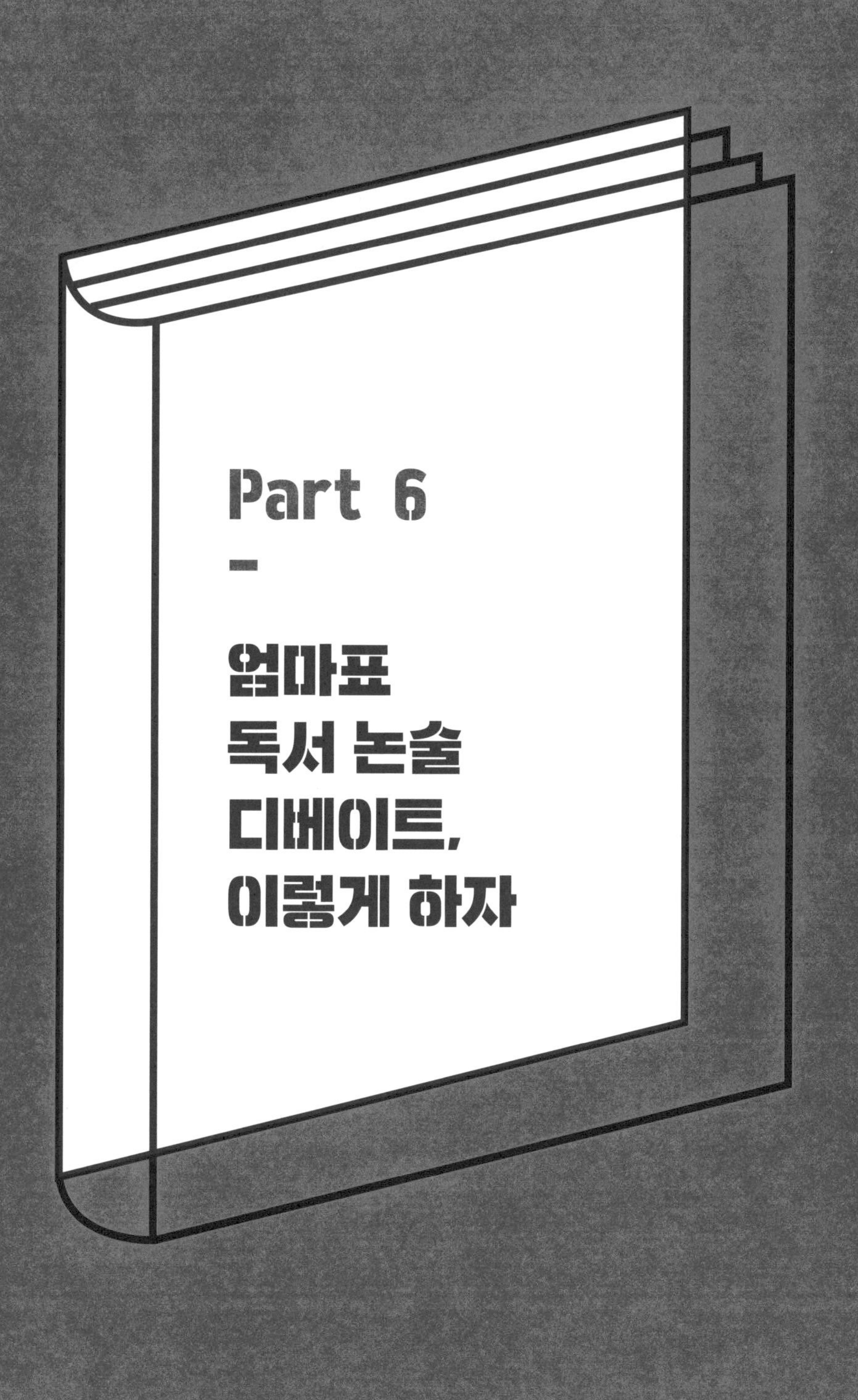

Part 6

엄마표 독서 논술 디베이트, 이렇게 하자

"

아이들의 모방 능력은 정말 뛰어나다. TV 속 아이돌의 노래와 춤을 금세 따라 하고, 유행어를 순식간에 익히는 것만 봐도 알 수 있다. 우리 집 둘째 아이는 트와이스나 레드벨벳의 유튜브 영상을 몇 번만 봐도 춤 동작을 금세 익히고 따라 한다. '핵노잼(정말 재미가 없다는 뜻)', '솔까말(솔직히 까놓고 말해서의 줄임말)'과 같은 비속어는 한 번 듣고도 바로 따라 쓴다.

미국 '더 타임스'에서는 'What do babies know?(영아들은 무엇을 알고 있는가?, 1983)'라는 제목의 커버스토리에서 미국 워싱턴대학교 멜조프 교수의 연구 결과를 소개했다. 멜조프 교수 연구팀은 실험자가 영아를 안고 그 앞에서 입을 크게 벌리거나 혀를 내미는 등 눈에 띄는 행동을 하는 실험을 진행했는데, 놀랍게도 생후 사흘 된 아이도 실험자의 입 모양을 그대로 따라 했다.

비만도 감기나 바이러스처럼 전염된다는 연구 결과가 있다. 미국 하버드 의대 니컬러스 크리스티키스 교수팀(뉴잉글랜드 의학저널 발표, 2007)은 비만이 다른 사람의 비만에도 영향을 준다고 밝혔다. 날씬하던 친구가 뚱뚱해지면 자신도 뚱뚱해질 확률이 뚱뚱하지 않은 친구를 둔 경우보다 57%나 높았다. 형제, 자매나 배우자가 뚱뚱할 경우 자신이 비만이 될 확률도 높았다. 이것은 사회적 관계가 일상생활에 미치는 영향이 크다는 것을 말한다.

하물며 부모가 자녀에게 끼치는 영향은 따져서 무엇하겠는가. 집에서 가족들이 함께 책을 읽고 의견을 나누는 과정은 아이들의 독서 내공, 토론 내공을 기르는 지름길이다.

"

01

집에서 시작하는 독서 디베이트 교육

학교나 사교육을 통해 독서 디베이트 교육을 받는 것도 중요하지만 더 중요한 것은 일상생활 속에 독서와 디베이트가 자리 잡는 것이다. 부모님이 먼저 책을 재밌게 읽고 의견을 자유롭게 나누는 것을 즐긴다면 아이는 자연스럽게 독서, 토론 문화를 받아들이게 된다.

최근에 주목받는 '밥상머리 교육'은 가정에서 토론 문화를 실천하는 좋은 방법이다. 온 가족이 식탁에 함께 둘러앉아 밥을 먹으며 이야기를 공유하는 데에서 토론 습관이 길러진다.

존 F. 케네디를 키운 로즈 여사의 토론 교육

훌륭한 인물의 뒤에는 위대한 어머니가 있기 마련이다. 미국에서 가장 존경받는 대통령으로 손꼽히는 존 F. 케네디(John F. Kennedy)는 네다섯 살 때부터 어머니 로즈 여사(Rose Kennedy)로부터 독서와 토론 교육을 받았다. 로즈 여사는 9남매나 되는 아이들을 위해 각각 독서 리스트를 만들어 책을 읽게 했고, 책을 읽은 후엔 함께 대화하고 토론하며 책의 내용을 다져나갔다고 한다. 식사 시간에는 '뉴욕타임스'와 같은 신문 기사를 보고 토론을 했는데, 식탁 옆 게시판에 좋은 글이나 신문을 올려놔 아이들이 자연스럽게 읽도록 했다. 아이들이 토론할 때에는 적절한 질문을 던져서 화제를 풍성하게 했고, 나이 차이가 나는 아이들을 연령대별로 나눠 앉혀 수준별 토론 교육을 했다.

존 F. 케네디가 당시 유력한 대통령 후보였던 공화당의 닉슨 부통령을 이긴 것은 전적으로 이러한 로즈 여사의 토론 교육에 힘입어 텔레비전 토론을 잘 한 덕분이라고 평가되고 있다.

로즈 여사의 방법대로 아이들과 신문을 읽고 토론하는 것은 가정에서 쉽게 따라 해 볼 수 있는 좋은 방법이다. 신문에는 뉴스뿐 아니라 아이들과 함께할 수 있는 다양한 토론 주제가 가득하다. 얼마 전 신문에는 서울의 한 레스토랑에서 '노키즈존(No Kids Zone)' 안내문을 달아 논란이 되었다는 기사가 실렸다. 어린이들이 소란을 피워 다른 사람들에게 피해를 주기도 하고, 사고가 일어났을 때 책임이 식당 주인에게 있다 보니 영유아와 어린이를 동반한 고객의 출입을 제한하는 곳이 점점 확산되고 있다는 기사였다.

이런 기사는 아이들과 함께 밥상에서 토론하기 좋은 주제가 된다. 먼저 신문 기사를 아이들에게 읽어보게 하고, '식당 주인이 식당을 자기 마음대로 자유롭게 운영할 수 있는 권리가 중요한지', '어린이들이 차별받지 않고 어느 식당에서나 식사할 수 있는 권리가 중요한지' 이야기해 보도록 한다. 대부분의 아이는 노키즈존을 반대할 것이 분명하다. 그럴 때 부모님이 식당 주인 입장에서 의견을 개진하면 토론에 활력을 불어넣을 수 있다.

유대인들의 안식일 대화

유대인들은 금요일 밤부터 토요일 밤까지 온 가족이 함께 모여 성경 말씀을 나누고 삶을 되돌아보는 안식일을 갖는다. 이때 빠지지 않는 순서가 한 주 동안 수고한 어머니를 축복하고, 각자의 자리에서 열심히 공부하고 일한 아이들을 축복하는 시간이다.

이렇게 유대인들은 가족이라는 따뜻한 울타리 안에서 이리저리 부딪혔던 삶의 고단함을 치유하고, 정서적 안정과 행복감을 느낀다. 더불어 책 이야기가 빠지지 않는다. 자녀와 부모가 지난 한 주 어떤 책을 읽고 무엇을 느꼈는지 서로 이야기를 나누면서 자연스럽게 그 관심을 주변과 사회로 확장한다.

2016년에 발표된 연세대 사회발전연구소 염유식 교수팀의 연구 보고서에 따르면 청소년들은 특히 부모와의 관계에서 행복감을 느낀다고 한다. 성적이 같은 중간 수준이어도 아버지와의 관계가 좋으면 75.6%가 삶에 만족하고, 아버지와의 관계가 나쁘면 행복도가 47.7%로 떨어진다. 경제 수준이 높더라도 어머니와의 관계가 나쁘면 49%만이 행복하다고 느끼고, 관계가 좋으면 삶의 만족도가 81%까지 올라간다. 부모와의 관계가 청소년들의 정서에 결정적인 영향을 미친다는 뜻이다.

바쁜 일상을 보내느라 가족이 다 함께 둘러앉아 밥을 먹기도 힘든 게 현실이다. 그래도 주말 중 하루는 함께 둘러앉아 일주일 동안 뭘 하며 지냈는지 이야기 나누는 시간을 가져보자. 더불어 부모와 자녀가 서로 읽은 책을 공유하고 감성을 나눈다면 아이들 정서도 안정되고, 행복감도 높아질 것이다.

집에서 하는 퍼블릭 포럼 디베이트

앞서 소개한 '퍼블릭 포럼 디베이트'는 형식을 갖춘 토론이라 오히려 금세 배우고 익힐 수 있다. 가족 구성원들이 공동의 주제를 놓고 게임을 하듯 찬반 토론을 벌여본다면 의외의 재미를 느낄 수 있다.

40여 분에 걸친 디베이트의 전 과정을 진행하기 부담스러우면 줄여서 약식으로 해도 좋다. 처음 발언 팀이 먼저 주장과 근거를 들어 입안을 한 뒤에 나중 발언 팀이 입안을 펼친다. 이후 교차 질의는 건너뛰고 바로 상대 팀에 대해 반박을 하고 교차 질의를 한다. 마무리는 두 팀이 각각 자신의 주장을 다시 정리해서 상대방에서 알리는 요약을 한다. 만약 이렇게 디베이트를 했는데도 결론이 안 나면 다시 교차 질의와 요약을 반복한다.

'아이의 시험 기간 때 부모는 TV 시청을 포기해야 하는가', '선행학습을 하는 영어 학원에 다니는 게 좋은가', '휴대폰 사용 시간은 누가 정해야 하는가', '유튜브 시청은 안하는 게 좋은가' 등 가정에서 부딪힐 수 있는 모든 것이 디베이트 주제가 될 수 있다. 다만, 부모님이 자녀와 동등한 입장임을 기억하고, 부모님 의견을 자녀에게 강요하거나 윽박질러서는 안 된다. 자녀를 하나의 인격체로 대우하고 이야기를 경청할 때 가족 간의 토론이 자리 잡을 수 있으며, 가족 모두의 합의된 결과를 이끌어낼 수 있다.

먼저 발언 팀(찬/반)	**나중 발언 팀**(찬/반)
입안	입안
반박	반박
전체 교차 질의	
요약	요약

〈가정에서 활용하기 좋은 약식 디베이트의 형식〉

아이들을 지도하다 보면 유독 어른스럽게 말을 하는 아이가 있다. 또래 아이들보다 수준 높은 단어를 쓰고, 가끔은 과학이나 경제 관련 전문 용어도 섞어 쓴다. 이런 아이들은 선생님이 다소 어려운 이야기를 건네도 금세 알아듣는다. 부모님과 평소 대화를 많이 나누는 아이들의 특징이다.

아이들의 말에는 부모와의 대화가 그대로 녹아들어 있는 경우가 많다. 부모님이 성적에 관심이 많으면 아이들도 성적 관련 얘기를 많이 하고, 부모님이 정치나 경제에 관심이 많으면 아이들도 관련 이야기를 많이 한다. 선거 때는 아이들 말만 들어도 부모님의 정치적 성향까지 파악된다. 어른들이 왜 아이들 앞에서는 찬물도 못 마신다고 했는지 이해가 된다.

부모님과 자녀가 각자 자신이 읽은 책 이야기를 나누는 것도 좋다. 부모님은 부모님이 읽은 책의 줄거리와 느낀 점, 배운 점을 자녀에게 이야기해주고, 반대로 자녀는 자신이 읽은 책이 어땠는지 부모님께 소개하는 식으로 말이다. 책을 읽고 이야기를 나누는데 익숙해졌다면 신문에 소개된 기사를 함께 읽고 토론을 해보자. 부모님 입장에서는 아이들 생각이 얼마나 여물고 있는지를 확인할 수 있어서 좋고, 아이들은 부모님과의 토론을 통해 논리적인 생각도 키우고, 가족의 사랑도 느낄 수 있으니 일거양득이다.

02
독서의 즐거움을 깨우치는 엄마표 독서 교육

부모님들께 "앞으로 자녀가 어떻게 컸으면 좋겠어요?"라고 물어본다면 거의 비슷한 답변을 하지 않을까. "자신의 분야에서 인정받는 행복한 사람."이라고 말이다. 그런데 동서고금을 막론하고 자신의 분야에서 성공한 사람들의 특징은 '책벌레'라는 점이다. 책을 통해 지식과 지혜를 얻고, 새로운 아이디어를 생산해 내며, 논리적이고 종합적으로 생각하는 방법을 배우는 사람 말이다.

그렇기에 될 수 있으면 아이들이 어릴 때 책을 좋아하고 즐기는 습관을 키워줘야 한다. 조기 독서 교육이야말로 유일하게 부작용이 없는,

비용 대비 최고의 효과를 거두는 교육 방법이다.

아이와 함께하는 도서관 나들이

책을 좋아하는 아이로 키우려면 책과 관련된 재밌고 기분 좋은 경험이 중요하다. 아이들과 함께 놀이 공원이나 키즈 카페를 찾는 것도 좋지만 도서관 나들이를 생활화하면 아이가 책이랑 금세 친숙해진다.

서점도 좋은 장소이긴 하나 눈에 띄는 곳에 진열해놓은 책들이 반드시 좋은 책이란 보장도 없고, 우리 아이가 고도의 마케팅 전략에 넘어가 상업적인 책을 선택할 가능성이 높으므로 도서관을 찾길 권한다. 가족 수대로 회원카드를 만들면 여러 권의 책을 한꺼번에 대출할 수 있어 경제적이기도 하다.

도서관은 비단 책을 읽는 곳만이 아니다. 다양한 전시와 공연이 사시사철 열리고 체험 이벤트도 다양하다. 문화가 숨 쉬는 최고의 놀이터라고 봐도 무방하다. 그런 과정 하나하나가 아이들에겐 오감을 자극하는 경험이다. 한 달에 한 번 시간을 정해놓고 버스나 지하철을 타고 도서관 탐방을 다닌다면 아이들에겐 행복한 경험이 될 것이다. 집 근처 도서관도 좋고, 멀리 있는 도서관도 좋다. 내친김에 전국 곳곳의 이색 도서관을 두루 탐방해보는 계획을 세워보면 어떨까?

도서관은 설립 주체에 따라 크게 국립도서관, 공립도서관, 사립도서관으로 나뉜다. 국가가 관리하는 국립도서관은 국립중앙도서관과 국회도서관이 있고, 그밖에 지방자체단체가 관리하는 공립도서관, 민법의 규정에 따라 법인이 설치한 사립도서관이 있다. 서울에만 공공도서관이 150여 개가 넘는다. 25개 자치구를 기준으로 따져보면 한 자치구당 6개 이상의 공공도서관을 가진 셈이다. 물론 미국처럼 걸어서 5분~10분 이내에 갈 수 있는 도서관이 동네마다 있으면 얼마나 좋겠는가. 도서관보다 독서실과 스터디 카페가 더 많은 우리나라지만 곳곳에서 도서관 사업이 진행되고 있으니 지금보다 나은 세상이 열릴 것이라 믿는다.

옛날 서울시청사를 도서관으로 바꿔 서울의 과거와 현재를 한눈에 살펴볼 수 있는 '서울시도서관'은 종종 드라마에서 촬영 장소로도 등장할 만큼 독특한 디자인이 인상적이다. 출입증도 필요 없고 가방을 맡겨야 하는 불편함도 없다. 문이 열려있을 땐 언제든지 들어가 책장 옆 계단에 앉아 책을 즐기면 된다.

'국립어린이청소년도서관'은 독도체험관과 청소년자료실이 따로 있고, 특히 정기적으로 열리는 기획전시회 내용이 알차다. 몇 년 전엔 프랑스 어린이 동화 작가전이 열렸는데, 아이들 구경시켜주러 들어갔다가 내가 푹 빠져 헤어 나오질 못했다. 작가들의 사진과 인터뷰, 집필실 모습, 작업 과정 등이 소개된 전시였는데 재밌는 동화들이 어떻게 탄생했는지를 살펴보며 거의 반나절을 보냈다.

큰아이가 중학교 때 종종 갔던 '국립세종도서관'은 여전히 잊을 수 없다. 멀리서부터 시선을 사로잡는 커다란 책 모양의 도서관 외관을 배경으로 기념사진을 한 장 찍고 1층 내부로 들어가면 시원한 에이콘 바람을 맞으며 책을 읽는 사람들이 눈에 띈다. 1층, 2층에는 일반 열람실이, 지하 1층에는 어린이자료실이 있다. 작은 아이는 어린이자료실에 들어가더니 나타날 생각을 않고, 큰아이는 청소년자료코너와 디지털 자료실, 미디어 자료실을 둘러보며 구경 삼매경이다. 이렇게 온 가족이 책과 함께 시간을 보내고 나서 주변에 있는 호수공원, 대통령기록관, 정부세종컨벤션센터 등을 둘러보면 하루해가 저문다. 서울로 올라오는 길에 조잘조잘 떠드는 이야기 속엔 읽은 책 얘기가 한가득이다.

이렇게 아이들과 도서관 나들이를 다니며 책도 읽고 즐거운 추억도 쌓는 일은 아이들을 더욱 책을 좋아하는 아이로 성장시킨다. 설사 책을 좋아하지 않는 아이라도 책을 자꾸 접하게 하자. 곁에 두고 자꾸 보면 관심이 가고 애정이 생긴다.

그밖에 사색하기 좋은 산책로를 갖춘 '정독도서관', 만화를 실컷 읽을 수 있는 '남산 만화도서관', 한옥에서 책 읽는 호젓함을 누릴 수 있는 '글마루 한옥어린이도서관', 로봇을 좋아하는 아이들이라면 즐거워할 '판교어린이도서관', 숲 속 자연을 느끼며 책을 읽을 수 있는 '서울숲숲속작은도서관', '북서울꿈의숲 도서관' 등 곳곳에 특색 있는 도서관이 많다. 해양과학 체험을 할 수 있는 '목포공공도서관', 최초의 어린이 전용 도서관 '순천 기적의 도서관'은 근처에 여행을 갔을 때 반드시 둘러볼 만한 좋은 도서관이다.

어느 도서관을 가든 책을 고를 때에는 부모가 주도적으로 나서기보다 아이의 선택을 기다려주는 인내가 필요하다. 주변을 둘러보면 부모님께서 아이들 책을 직접 골라주는 경우가 많은데 그것은 아이가 스스로 책을 고르는 안목을 기르는 데 방해가 된다. 아동 문학 평론가 최윤정 씨는 한 신문사와의 인터뷰에서 "책을 고르는 것도 삶과 같다. 부모들이야 빨리 정답을 알려주고 싶겠지만 정답 같은 건 없다. 중요한 것은 아이가 책을 고르고 아끼며 자신의 취향을 만들어가는 과정이다."라고 말했다. 아이들의 선택을 인정해주는 자세가 중요하다는 말이다.

책과 관련된 축제에 가는 것도 색다른 경험이 된다. 매년 열리는 파주출판도시 어린이 책 잔치는 이름만 들어도 아는 유명 출판사들이 책과 관련된 놀 거리, 즐길 거리를 제공한다. 출판 단지 자체를 구경하는 것도 자연과 책을 동시에 느끼는 행복한 체험이다. 보림출판사, 보리출판사, 여원미디어, 앨리스하우스 등은 어린이 코너가 따로 마련돼 있어 구석구석 둘러보는 재미가 있다. '파주 지혜의 숲'에 갇혀 책 냄새를 흠뻑 맡는 것만으로도 최고의 휴식이다. 이렇게 책과 관련된 즐거운 기억이 많은 아이가 평생 책을 가까이하는 어른으로 성장한다.

아이와 함께 가면 좋은 도서관

- **국립중앙도서관** www.nl.go.kr, 02-590-0513~4
- **국립어린이청소년도서관** www.nicy.go.kr, 02-3413-4800
- **서울도서관** lib.seoul.go.kr, 02-2133-0302(어린이자료실)
- **서울특별시교육청 어린이도서관** childlib.sen.go.kr/childlib/index.do, 02-731-2300
- **정독도서관** jdlib.sen.go.kr, 02-2011-5799
- **글마루 한옥어린이도서관** lib.guro.go.kr, 02-2615-8200
- **못골 한옥어린이도서관** hchildlib.gangnam.go.kr, 02-2226-5930
- **서울 청운문학도서관** lib.jongno.go.kr//index.php, 070-4680-4032
- **서울애니메이션센터 도서정보실** www.ani.seoul.kr, 02-3455-8341
- **코엑스 별마당도서관**
  www.starfield.co.kr/coexmall/entertainment/library.do, 02-6002-3031
- **의정부미술도서관** www.uilib.go.kr, 032-828-8870
- **부천 한국만화박물관 도서관** www.komacon.kr/komacon, 032-310-3090~1
- **판교어린이도서관** cpg.snlib.go.kr, 031-729-8880
- **파주 지혜의 숲 도서관** www.pajubookcity.org, 031-955-0082
- **국립세종도서관** sejong.nl.go.kr, 044-900-9114
- **경기도 오산시 독서 캠핑장**
  www.osanlibrary.go.kr/kkumdure/main.do, 031-8036-6529
- **대구 '반야월역사 작은도서관'**
  www.donggu-lib.kr/local/html/libraryBanyawol, 053-662-4110
- **전주 연화정도서관** blog.naver.com/jeonjudeokjinpark, 063-714-3527

- **금산지구별그림책마을** grimbook.net, 041-753-6577
- **목포공공도서관** mplib.jne.go.kr, 061-270-3800~1
- **순천 기적의 도서관** miracle.sc.go.kr, 061-749-8890

아이와 함께 가면 좋은 도서 축제

- **서울 국제도서전**
- **서울 와우북페스티벌**
- **파주 북소리**
- **파주출판도시 어린이 책 잔치**(매년 5월 어린이날 즈음)

우리 아이에게 맞는 책 고르기

'책이 재밌다'고 생각하는 아이들은 어떤 책이든 읽어낼 마음의 준비가 돼 있는 상태다. 하지만 "책 읽기 싫어요!"를 입에 달고 사는 친구에겐 책 자체에 마음을 여는 게 우선이다. 아이 관심사에 맞는 재밌는 책, 글자 수가 적고 그림이 많은 쉬운 책부터 먼저 읽게 하자. 제 나이보다 어린아이들을 대상으로 한 책부터 읽게 해서 독서에 자신감을 느끼게 하는 것도 좋다. 책에 재미를 느끼는 게 모든 독서 교육의 첫걸음이다. 어떤 책을 보여주는 게 좋은지 모르겠다면 이 책의 끝에 실린 '논디쌤이 추천하는 독서 목록' 중에서 연령대에 맞는 책을 한 권씩 읽히며 책에 대한 관심을 가지게 하자.

① 만화도 좋은 읽을거리다

책에 재미를 붙이기에는 만화도 좋은 방법이다. 요즘 만화는 내용도 다채롭고, 상상력을 자극하는 스토리가 많다. "슬램덩크"라는 농구 만화에서 인생을 배운 성인들이 얼마 전 "슬램덩크 인생 특강"이라는 책을 발간하기도 했다. 유명하지 않은 어느 한 고등학교 농구부가 피나는 노력과 팀워크를 통해 최강의 농구부로 우뚝 서는 이야기는 삶의 중요한 가치가 무엇인지 깨닫게 한다. 물론 폭력적이거나 선정적인 만화는 피해야 한다. 또한 '만화만 읽지 않도록' 주의해야 한다. 많은 사람이 좋은 만화라고 평가한 책이라면 얼마든지 읽도록 하되, '만화책 3권에 글밥 많은 책 1권을 읽자'는 식의 약속을 하고 지키도록 해야 한다.

② 편식보다는 골고루 읽기

책에 어느 정도 재미를 붙인 아이들이라면 편식하지 않고 골고루 읽도록 지도해야 한다. 책의 종류는 한국 십진 분류표를 참고하면 좋다. 책을 크게 000(총류), 100(철학), 200(종교), 300(사회과학), 400(순수과학), 500(기술과학), 600(예술), 700(언어), 800(문학), 900(역사)으로 구분했을 때 가급적 분야가 고루 섞이도록 읽는 것이다. 음식도 한 가지만 먹으면 건강에 좋지 않듯, 책도 골고루 읽어서 건강한 독서 습관을 다져나가도록 해야 한다. 일주일에 1권을 읽는다고 가정했을 때, 한 달 동안 과학책, 인물책, 역사책, 문학책 등을 각각 1권씩 읽는다면 영양가를 고루 갖춘 독서를 할 수 있다.

③ 책을 고를 땐 밀당(?)이 필요하다

아이마다 좋아하는 책이 다르다. 어떤 아이는 과학책을 좋아하고, 어떤 아이는 역사책을 좋아한다. 어떤 아이는 문학책 아니면 쳐다보지도 않는다. 문학책을 좋아하는 아이는 비문학책 읽는 것을 힘들어한다. 그러니 어렸을 때부터 다양한 종류의 책과 글을 접하게 해야 한다.

처음에는 아이들이 좋아하는 책 3권에 부모님이나 선생님이 권하는 책 1권을 섞어서 3:1의 비중으로 독서 목록을 정하자. 독서 습관이 자리 잡으면 차츰 2:2, 1:3 비율로 옮겨가면 된다.

④ 징검다리 독서법

학교 도서관에서 봉사 활동을 할 때 보면 도서관 전체 책 중에서 가장 낡은 책이 "why(예림당)"와 "who(다산어린이)" 시리즈다. 많은 아이가 도서관에 들어오기가 무섭게 습관적으로 "why" 책을 뽑아서 읽는다. 바로 코앞에 재밌고 좋은 책들이 너무나 많은데도 말이다. 이렇게 "why" 시리즈에 푹 빠져있는 아이들에게는 '징검다리 독서법'을 권하고 싶다.

예를 들어 "why 야구(예림당)"를 재밌게 읽었다면 이승엽이나 베이브 루스와 같은 야구선수 위인전을 읽게 하고, 그다음에 '스포츠 과학'에 관한 책을 읽게 하는 식이다.

과학에 관심 없는 아이들에겐 만화로 된 과학책을 먼저 읽게 하고, "CSI 어린이 과학수사대(밝은미래)"와 같이 미션이 주어지는 책을 읽게 하면서 흥미를 유발한 후에 "과학상점(예림당)" 시리즈, "노빈손(뜨인돌)" 시리즈 등을 읽게 하면 과학에 조금씩 관심을 갖게 된다.

⑤ '고전'을 강요하지 마라

고전 열풍이 온 서점가를 휩쓸더니 그 열기가 지속되고 있다. 물론 오랜 세월 많은 사람들에게 읽힌 고전에는 세대를 초월한 감동과 배울 점이 있다. 그런데 그 고전 열풍이 엉뚱하게 어린이 책에까지 번지는 것은 우려되는 현상이다. 예를 들어, 문학동네에서 완역한 톨스토이의 "안나 카레니나"는 600페이지에 가까운 책 3권 분량이다. 그런데 어린이용 책은 불과 몇 페이지 안 되는 요약본인 데다가 내용이 조악하기 그지없다. 마치 안나 카레니나가 남편이 아닌 다른 남자를 사랑해서 자살에 이르게 된다는 식으로 스토리 전개가 이뤄지기 때문이다. 이 책은 19세기 후반 러시아 농노제 붕괴와 러시아 혁명에 이르는 격변기를 배경으로, 러시아 귀족사회의 연애와 결혼제도, 가치관 등에 대한 비판 의식을 담고 있다. 이러한 걸작 "안나 카레니나"를 어린이판 '사랑과 전쟁' 식으로 표현한 책을 보니 안타깝기 그지없었다.

대부분의 고전은 중학생 이상이 돼야 읽을 깜냥이 된다. 초등학교 고학년~중학교 1, 2학년 중에 책을 많이 읽어본 친구들이라면 고전을 완역본으로 읽길 권한다. 다소 길어서 지루하거나 어려울 수 있지만 완역본으로 읽어야 작가의 의도에 맞게 독서를 할 수 있다. 초등학교 저학년 아이에게 고전을 읽히겠다고 요약본이나 만화를 읽히는 건 고전을 안 읽히는 것보다 못하다.

우리 아이에게 맞는 책 읽어주기

아이가 중학교 2학년이 되는 열네 살까지는 부모님이 자녀에게 책을 직접 읽어주는 게 어휘력을 늘리고 상상력을 키우는 데 효과적이라고 소개한 바 있다. 아이들 대부분이 스스로 읽어서 이해하는 능력보다 들어서 이해하는 능력이 앞서서 발달하고, 그 두 가지 능력이 비슷해지는 시점이 14살 무렵이라고 말이다.

하루 단 15분이라도 책 읽어주기를 정해진 시간에 꾸준히 시행한다면 아이는 평생 책 읽기를 사랑하는 어른으로 성장할 것이다. 만약 책을 읽어줄 때 난감한 상황을 마주하게 된다면 다음 글을 참고하여 적절하게 대처하도록 하자.

① 책 한 장 넘기기 무섭게 질문하는 아이

책 읽어줄 때 유독 질문이 많은 아이가 있다. 책장을 연이어 넘기기가 힘들 정도다. 모르는 어휘가 나왔거나 책의 배경에 관해서 궁금했을 때 하는 질문이라면 "아주 좋은 질문을 했구나!" 하고 칭찬해주면서 바로 대답해주면 된다. 그런데 책의 내용과 전혀 상관없는 질문을 하는 경우가 많다. "주인공을 왜 이렇게 못생기게 그렸어요?", "오늘 저녁은 뭐 먹을 거예요?", "생일 선물은 뭐 줄 거예요?" 등의 질문을 받으면 맥이 풀린다.

그럴 땐 "책 내용에 집중을 좀 해라!", "넌 왜 이렇게 산만하니?"와 같은 질책하는 말이 아니라 "좋은 질문이지만 책을 읽고 나서 대답해줘도 될까?" 하고 대답을 살짝 미루는 것이 좋다.

나중에 대답해주겠다고 말했으면 반드시 약속을 지켜야 한다. 나는 수업 중에 아이들이 다소 엉뚱한 질문을 하면 포스트잇에 따로 메모해 둔 후 수업이 끝날 무렵 대답해준다. 사소해 보이는 질문이더라도 아이들의 질문은 무엇이든 소중하다. 아이의 질문을 무시하거나 면박을 주면 아이의 말문이 닫히고 만다.

② 계속 같은 책을 읽어달라는 아이

재밌는 책을 발견했다는 뜻이니 정말 반가워할 일이다. 물리고 질릴 때까지 계속 읽어주면 된다. 아이들은 같은 책을 반복해 읽으면서 심리적인 안정감을 느낀다. 아이들도 어른들과 똑같이 힘든 사회생활을 하고 있다. 유치원생활도 학교생활도 너무나 변화무쌍하고, 눈치 봐야 할 일도 많다. 하지만 아이가 좋아하는 스토리는 언제 읽어도 한결같으니 밖에서 집에 딱 들어왔을 때 늘 그 자리에서 엄마가 반기고 있는 것과 비슷한 느낌을 받는 것이다. 이런 아이들에겐 원하는 책을 읽어준 다음 다른 책을 읽어주겠다고 미리 약속을 정하여 다양한 독서로 유도하는 것이 좋다.

③ 다른 데 관심이 더 많은 산만한 아이

책을 읽어주는데 시선이 책을 향하는 게 아니라 다른 데 가 있는 아이가 있다. 심지어 궁둥이를 가만히 붙이고 앉아있지 못하는 아이도 많다. 집중력이 짧은 아이다. 집중할 수 없는 아이에게 계속 가만 앉아서 책을 읽으라는 것만큼 고역도 없다. 그런 아이에게는 그림이 많고 글자 수가 적은 책부터 읽어주도록 한다. 책을 끝까지 읽으면 간식으로 좋아하는 과자나 음료수를 주는 것도 고육지책이지만 권할 만하다. 방 안의 불을 다 끄고 스탠드만 켜서 집중도를 높여주는 것도 좋다.

④ 책을 끝도 없이 읽어달라는 아이

책을 좋아하는 아이는 부모님이 책 읽어주는 시간을 손꼽아 기다린다. 책 내용도 재밌지만 부모님의 사랑을 듬뿍 느낄 수 있는 시간이기 때문이다. 물론 책을 안 읽으려는 아이에 비해 책을 많이 읽어달라는 아이를 둔 부모는 행복하다. 하지만 온종일 직장이나 다른 일로 시달린 부모에게 아이가 책을 10권씩 들고 다가오면 입이 딱 벌어진다.

그럴 때는 아이와 미리 약속을 하자. "○○가 책을 좋아해서 엄마가 참 자랑스럽고 고마워. 그런데 엄마가 한꺼번에 여러 권을 읽어주면 목이 좀 아프거든. 우리 하루에 책 5권씩만 같이 읽으면 어떨까?" 하고 약속을 정한다. 그래야 아이가 서운해하지 않는다.

아이들이 자랄수록 책의 글자 수가 많아지는데 원하는 책을 끝까지 읽어주다 보면 엄마가 금세 지치고 목이 쉬어 버린다. 내 경험에서 나온 얘기다. 혼자 책을 읽을 줄 안다면 "이 책은 네가 엄마에게 읽어줄래?" 하며 돌아가며 읽어주기를 제안해도 좋다.

03

1분 스피치로 말하는 힘 기르기

—

—

—

—

내가 현재 소규모로 진행하고 있는 논술 디베이트 수업은 일주일에 한 번, 2시간씩 이어진다. 본격적인 수업을 시작하기 전에는 꼭 '1분 스피치' 시간을 갖는다. 일주일 동안 아이들이 어떻게 지냈는지 궁금하기도 하고, 본격적인 수업에 앞서 아이들의 생각과 마음을 열기 위해서 마련한 순서다.

그런데 이 '1분 스피치'는 형식이 간단하기에 가정에서 활용하기 좋다. 종을 하나 마련해서 1분이 됐을 때 '땡~' 울리면 긴장감도 생기고 시간 개념도 생겨서 좋다.

'1분 스피치'는 말 그대로 1분이라는 주어진 시간 안에 아이들이 한 가지 주제를 정해 자유롭게 이야기하는 형식이다. 그 시간만큼은 온전히 주인공이 돼서 스포트라이트를 받기 때문에 은근히 이 시간을 기다리는 아이들이 많다.

형식은 간단하다. 'A-B-A''.

먼저 A는 내가 무엇을 말할지 '주제'를 밝히는 시간이다. "주말에 가족들과 함께 본 영화 이야기를 하겠다.", "며칠 전 수학 시험을 못 봐서 부모님께 야단맞은 이야기를 하겠다.", "덕질 중인 가수의 CD를 산 이야기를 하겠다." 등 내가 말하고자 하는 바를 먼저 밝히는 시간이다. 가장 핵심적인 내용을 던져 시선을 끌어야 하므로 10초~15초 내외면 적당하다. 내 이야기를 들어줄 친구나 가족을 당당히 쳐다보며 또랑또랑한 어투로 자신감 있게 시작하는 게 중요하다.

백미는 B 순서다. B는 A의 구체적인 '에피소드'를 들려주는 순서로 가장 많은 시간을 할애하는데 보통 30초~40초 정도가 적당하다. 되도록 재밌는 에피소드를 골라 들려줄수록 호응이 좋다. 영화의 줄거리를 소개한다면 그중에서 주인공이 악당을 물리친 결정적인 이야기만 딱 꺼내서 전달해야지, 처음부터 끝까지 줄줄이 늘어놓으면 시간도 부족하고 재미도 없다. 수학 시험을 망쳐서 부모님께 혼났다면 그때 기분이 어땠고, 혼난 이후 어떻게 행동했는지 이야기하면 된다.

A'는 A를 통해 뭘 느끼고 생각했는지를 소개하면서 이야기를 마무

리하는 순서다. 10초~15초 정도면 충분하다.

길지 않은 1분 스피치임에도 불구하고 "할 얘기가 없어요."라고 말하는 친구가 있다. 학교와 학원을 쳇바퀴 돌 듯 되풀이하는 일상이 뭐가 그리 새롭겠는가. 하지만 같은 일상이어도 색다른 관점으로 바라보면 모든 게 주제가 될 수 있다. '학교에서 짝꿍이 바뀐 이야기, 오늘 급식 반찬 중 무엇이 가장 맛있었는지, 학교 오가는 길에서 관찰한 나무와 하늘이 평소와 어떻게 달랐는지….' 세상을 바라보는 내 관점만 살짝 틀어도 1분 스피치의 주제는 무궁무진해진다.

아이의 발음이 부정확하거나 목소리 톤이 좋지 않을 때는 책이나 신문을 큰 소리로 또박또박 읽게 하는 게 유용하다. 목소리가 좋은 사람들은 전달력이 남보다 뛰어나다. 뉴스를 진행하는 아나운서를 떠올려보면 금세 이해가 갈 것이다. 일단 목소리 자체가 듣기 좋고, 발음도 정확하며, 속도도 시청자들에게 맞게 느리지도 빠르지도 않다.

이런 발성법을 익히게 하려면 책을 소리 내어 읽게 하는 게 효과적이다. 녹음을 하거나 동영상으로 찍어 들려주면 자신의 목소리와 톤, 속도, 표정 등을 스스로 점검해보며 교정할 수 있다.

가르치는 학생 중에 "하지만…, 하지만…, 하지만…"을 거듭해서 말하는 아이가 있었다. 긴장할수록 그 횟수가 더 늘었다. "현중아, 말할 때

'하지만'을 많이 쓰는구나. 여러 번 쓰고 싶더라도 머릿속으로 한 번만 써야지 하고 떠올려봐."라고 말했지만 그 버릇은 고쳐지지 않았다. 그래서 하루는 현중이가 말하는 모습을 동영상으로 찍어서 보여줬다. 영상을 보던 아이는 깜짝 놀라더니 "와. 제가 이렇게 '하지만'을 여러 번 써요? 몰랐어요. 이제부터 신경 쓸게요."라고 대답했다. 이후 본인 스스로 같은 말을 계속해서 반복하는 습관을 고치려고 노력했다. '백문이 불여일견'이란 속담이 딱 들어맞았다. 현재는 '하지만'을 반복하는 횟수가 눈에 띄게 줄어들었다.

이처럼 '1분 스피치'는 말을 조리 있게 잘하는 능력을 키워주면서 이야기 주제를 선정하는 법, 이야기를 순서에 맞게 전달하는 법, 주어진 시간 안에 이야기를 마치는 법 등을 배울 수 있는 효과적인 교육 방법이다. '1분'이라는 시간적 개념이 생기는 것도 부가적인 이점이다.

집에서 매주 하루 시간을 정하여 식사 시간 전후에 가족 모두가 돌아가며 1분 스피치를 해보자. 이때 중요한 건 아이뿐만이 아니라 부모도 함께 1분 스피치를 하는 것이다. 아이들보다 부모에게 어려운 미션일 수도 있지만, 부모의 모습을 통해 아이들은 자신감을 가지고 신나게 이야기하는 경험을 쌓게 된다.

04

집에서 하기 좋은 NIE 수업

—

—

—

—

개인적으로 일과 중에 가장 좋아하는 시간은 아침에 정신없이 아이들을 학교에 보내고 커피를 한 잔 마시면서 신문을 볼 때다. 두 개의 조간신문을 구석구석 읽으면서 우리나라뿐 아니라 세계정세도 알아보고 오늘의 운세도 찾아본다. 그러면서 NIE(Newspaper In Education) 할 자료를 찾는다.

신문에는 뉴스를 소개하는 기사뿐 아니라 삽화, 각종 그래프 등 다양한 읽을거리, 볼거리가 있다. 또한 기사, 인터뷰, 사설, 독자투고란 등 글의 종류도 다양하다. 무엇보다 아이들과 함께 공부해볼 내용이 많다.

우리나라에 'NIE(Newspaper In Education)'라는 개념이 들어온 지 30년이 넘었지만 여전히 NIE라고 하면 사설을 읽고 요약하는 수업으로 여기는 경우가 많다. 하지만 신문을 교육에 활용하는 방법은 이외에도 무궁무진하다.

아이들과 처음 NIE 수업을 할 때는 사진과 삽화 등 접근하기 좋은 볼거리가 곁들여진 기사를 보여주는 게 부담이 적다. 초등학교 저학년일수록 재밌어할 만한 읽을거리를 제공해주는 게 중요하다. 로봇을 좋아하는 학생에게 세계 곳곳의 진기한 로봇 사진과 그림을 보여주니 호기심이 발동한다. 데니스 홍과 같은 로봇 공학자에 관한 기사를 읽어주면 눈빛이 반짝인다. TV에서 원자력발전소를 더 짓지 말아야 한다는 뉴스가 한창 나올 무렵, 원자력발전소 사진과 원자력발전소가 생산해 내는 전기량에 관한 그래프를 보여주니 이해도 잘하고, 재밌어했다.

고학년으로 올라갈수록 짧은 기사를 찾아 읽도록 하고, 핵심 단어를 찾아보거나, 한두 줄로 요약해보는 습관을 들이도록 한다. 5학년 친구들과 '암스테르담의 깨달음… 과일주스를 못 먹게 하니 뚱보 줄더라(2017.4.17, 조선일보)'라는 기사를 함께 읽고 토론한 수업은 반응이 무척 좋았다. 네덜란드의 수도 암스테르담에서 어린이 비만율을 낮추기 위해 학교에서 과일 주스를 마시지 못하게 하고, 물이나 우유를 마시게 한 결과, 비만율을 낮추는 데 성공했다는 기사였다.

아이들은 이 기사를 읽고 나서 평소 과일 주스를 얼마나 마시는지 돌아보고 우유나 물이 과일 주스보다 건강한지에 대해서 이야기를 나눴다. 어떤 친구는 "음료수보다 피자나 햄버거 등 패스트푸드를 줄이는 게 비만율을 낮추는 데 더 좋은 방법 아니겠냐."는 의견을 내놨고, 또 어떤 친구는 "평소 과일을 못 먹는 사람에게 과일 주스라도 먹게 하는 게 건강에 오히려 이롭지 않겠냐."는 주장을 했다. 신문 기사를 재밌게 읽고 30분가량 자유롭게 토론하면서 먹을거리가 비만과 건강에 어떤 영향을 미치는지도 생각해볼 수 있었던 의미 있는 시간이었다.

신문에 따라 '어린이 코너'를 마련해 어린 독자들이 읽을거리를 제공하기도 한다. 대학수학능력시험을 앞두고 중앙일보 '열려라 공부'에는 '조광조의 과거시험 답안 - 임금은 덕으로 다스리고 솔선수범 보여라(2017.11.6.)'라는 기사가 게재되었다. 조선 시대에는 수능 시험 대신 어떤 방법으로 인재를 등용했는지 알아보고, 조광조, 송시열, 성삼문 등 역사적 인물들이 어떻게 과거 시험을 치렀는지를 생생하게 소개한 것이다. 아이들은 이 기사를 읽으며 생각만 해도 지긋지긋한 시험이 과거에도 존재했음을 알고 흥미로워했고, 역사적 인물이 작성했던 답안지를 통해 그 사람의 생각까지 읽어낼 수 있었다.

이렇게 신문은 단순한 읽기 능력뿐 아니라 융합적 사고와 세상을 바라보는 안목을 키우는 좋은 교재다. 하지만 아이들에게 처음부터 긴 기사를 정독해서 읽으라고 부담을 줘서는 안 된다. 신문의 특성을 익히면서 관심이 가는 기사부터 조금씩 지평을 넓혀나가면 된다. 어린이 신문을 읽게 하는 것도 좋은 방법이다.

다음은 아이들이 신문과 친해지기 위한 단계적 접근법이다. '질문'을 통해 신문이라는 매체에 대한 이해를 높이고, 나아가 신문을 잘 읽는 아이로 커나가게 하는 과정을 소개했다.

1) 신문과 친해지기

① 신문을 한 장씩 넘기면서 어떤 내용으로 구성돼있는지 살펴본다.
여러 종류의 신문을 비교하면서 관찰하면 더 효과적이다.

: 신문사 이름, 날짜, 기사 제목, 기사, 기자 이름, 광고, 독자투고란, 오늘의 날씨, 운세, TV 프로그램 소개 등

*** 함께 던지면 좋은 질문들**

Q. 신문의 이름에 어떤 뜻이 담겨 있을까?

Q. 내가 만약 신문을 만든다면 어떤 이름으로 하겠나?

Q. 신문은 어떤 내용으로 구성돼 있나?

Q. 신문지는 왜 하얀색이 아니고, 연회색일까?

Q. 신문마다 글자 모양이 조금씩 다른데 어떤 글자체가 좋은가?

Q. 신문사에서 광고를 싣는 이유는?

② 신문 기사가 내용별로 묶여 있음을 살펴본다.

: 신문 기사가 종합, 정치, 사회, 국제, 경제, 문화, 스포츠 등으로 나눠 있음을 확인한다.

*** 함께 던지면 좋은 질문들**

Q. 첫 번째 지면에 실리는 기사는 어떤 기사일까?

Q. 주제별로 신문 기사를 묶어놓는 것은 어떤 점이 좋을까?

Q. 기자는 어떤 방법으로 기사를 작성할까?

Q. 기사 제목은 어떻게 뽑는 게 좋을까?

Q. 사진이나 그림은 어떤 효과가 있나?

2) 신문 기사 읽어보기

신문 중에서 관심 있는 기사를 찾아서 읽어보게 하자. 처음 읽을 때는 관심 있는 분야의 짧은 기사가 적당하다.

*** 함께 던지면 좋은 질문들**

Q. 이 기사에 특별히 관심이 간 이유는 무엇인가?

Q. 기사를 통해 새롭게 알게 된 내용이 있다면 무엇인가?

Q. 더 궁금한 점이 있다면?

Q. 기사를 그림으로 표현해본다면?

Q. 기사의 주인공에게 편지를 써본다면 뭐라고 쓰겠나?

3) 신문 기사 깊숙이 읽기

다소 글자 수가 많은 기사를 읽으며 어려운 단어는 사전에서 찾아보고, 단락별 핵심 단어는 동그라미로 표시하며, 기사를 한두 줄로 요약해본다. 장래희망이 있는 학생이라면 관심 분야 기사를 스크랩해 두도록 지도하자. 좋은 포트폴리오가 될 수 있다.

4) 신문 기사 써보기

마지막 단계는 내가 기자가 돼서 직접 기사를 써보는 것이다. 무엇을 쓸지 아이템을 정한 후, 관련 자료를 조사하고, 관계자를 인터뷰한 뒤 초고를 쓰고, 여러 번의 퇴고를 거쳐 기사를 완성한다. 이때 중요한 것은 완성한 기사를 친구들에게 읽어보게 한 후 감상평을 듣는 것이다. 선생님이나 부모님이 피드백을 주는 것도 좋다.

Part 7

논술 디베이트 수업 활동지

“

자료 검색이 익숙지 않은 아이들의 경우 반드시 알아야 할 사항을 놓치는 경우가 있기에 미리 길잡이 역할로 활동지를 제시해주는 것이 좋다. 예를 들어 '인간의 안락사를 허용해야 한다.'가 주제인 경우 '안락사'가 뭔지를 모르면 수업이 진행되지 않는다. 그러니 아이들에게 중요 용어의 뜻을 정확히 알게 하고, 왜 이런 주제로 디베이트를 하는지 그 이유에 대한 소개를 미리 해줘야 한다. 왜 하는지도 모르고 디베이트를 하는 것은 목적 없이 항해하는 것과 마찬가지이기 때문이다. 중요한 용어 정의, 논란이 되는 상황, 우리나라뿐 아니라 세계의 변화 등을 집어주는 차원에서 활동지를 활용하도록 한다.

초등학생들에게는 주제와 관련해 '질문'을 던져서 브레인스토밍 하는 시간을 가지도록 한다. 아이들과 스크랩한 신문, 잡지 등을 가지고 브레인스토밍을 해도 좋고, TV 뉴스를 보고 다양한 이야기를 나눠봐도 된다. 주제와 관련한 질문을 던져서 생각에 윤활유를 쳐주면 디베이트 할 때 도움이 되고, 이후 논술로 연결하기에도 좋다.

디베이트 수업을 진행할 때는 칠판이나 화이트보드를 준비해두고, 아이들의 중요 발언을 메모하는 것이 좋다. 수업 진행 과정을 기록해두어야 나중에 아이들에게 무엇을 잘했는지, 어떤 부분이 부족했는지 알려줄 수 있기 때문이다.

”

리더로 자라는 논·디

수업 날짜 ________ 시간 ________

* 1분 스피치 - 지난주 동안 가장 재밌었거나 기억에 남는 일은?(A-B-A' 형식)

1 디베이트

1. 주제 : 학교에서 일기장 검사는 하지 말아야 한다

2. 생각 나눠보기

1) 일기(日記)의 뜻은?

날마다 그날그날 겪은 일이나 생각, 느낌을 적는 개인의 기록

2) 일기를 쓰면 좋은 점은 무엇일까요?

3) 여러분은 일기에 주로 어떤 것을 쓰나요?

4) 아무한테도 말할 수 없는 비밀을 일기에 쓴 적이 있나요?

5) 일기를 검사받고 기분 좋았던 기억, 나빴던 기억을 떠올려볼까요?

3. 일기 중에는 후세에까지 영향을 주는 것도 있어요.

1) 이순신 장군의 "난중일기"

2) 안네 프랑크의 "안네의 일기"

3) 야구선수 박찬호 "끝이 있어야 시작도 있다"에서 일기의 힘 강조

4. 학교에서 선생님이 일기장 검사를 하면 어떤 점이 좋을까요?

1)

2)

3)

5. 학교에서 선생님이 일기장 검사를 하지 않으면 어떤 점이 좋을까요?

1)

2)

3)

6. 디베이트 해보기

1) 팀 나눠보기

2) 누가 찬성 팀이고, 누가 반대 팀인가요?

7. 우리 팀 입안 정리해보기

우리 팀 주장	
근거 1	핵심 문장 - 밑받침 문장 -
근거 2	핵심 문장 - 밑받침 문장 -
근거 3	핵심 문장 - 밑받침 문장 -
근거 4	핵심 문장 - 밑받침 문장 -

8. **상대 팀 입안 정리해보기**(간단히 메모하면서 경청하세요)

상대 팀 주장	
근거 1	핵심 문장 - 밑받침 문장 -
근거 2	핵심 문장 - 밑받침 문장 -
근거 3	핵심 문장 - 밑받침 문장 -
근거 4	핵심 문장 - 밑받침 문장 -

2 논술하기

1. **주제** : 학교 담임 선생님께서 일기장 검사를 하시는 경우가 있다. 일기가 개인적이고 사적인 기록이기 때문에 선생님께 보여드리지 않아도 된다고 주장하는 사람도 있고, 담임 선생님이 우리의 생각과 생활을 아셔야 지도하실 때 도움이 된다고 말하는 사람도 있다. 여러분은 학교 담임 선생님의 일기장 검사가 필요하다고 생각하는가?

2. 글의 뼈대 세우기

1) 서론 -

2) 본론 - ①

②

③

3) 결론 -

3. 글쓰기 공책에 논술하기

리더로 자라는 논·디

수업 날짜 ________ 시간 ________

* 1분 스피치 - 지난주 동안 가장 재밌었거나 기억에 남는 일은?(A-B-A' 형식)

1 디베이트

1. 주제 : 초등학생들의 선행학습은 금지되어야 한다

2. 생각 나눠보기

1) 여러분은 지금 어떤 사교육(학원, 과외)을 받고 있나요?

2) 그중에서 자기 학년보다 앞서 배우는 과목이 있나요?

3) 수학이나 영어 등 교과 과목을 선행학습하면 실력이 더 늘까요?

4) 공부를 잘하려면 예습과 복습이 중요하다고 말합니다. 여기서 예습과 선행학습은 무엇이 다를까요?

5) 우리나라의 선행학습을 '영화관 효과'라고 말하는 사람들이 있습니다. 영화관 효과란 영화관에서 맨 앞자리 관객이 일어서서 영화를 보기 시작하면 그 뒷좌석 관객도 줄줄이 일어서야 해 결국 모두가 서서 볼 수밖에 없다는 것입니다. 누군가가 선행학습을 시작하니까 경쟁 심리 때문에 너나 할 것 없이 모두 선행학습을 하게 되었다는 뜻입니다. 만약 우리나라 학생들 모두가 선행학습을 그만둔다면 여러분은 어떻게 하겠습니까?

6) 학교에서 배우는 교육 과정은 교육 전문가들이 학생의 인지발달 정도를 고려해 만든 것입니다. 하지만, 아인슈타인이나 뉴턴과 같은 천재들은 인지발달 정도가 다른 사람들보다 빠릅니다. 이럴 때에도 선행학습은 금지되어야 할까요?

3. 선행학습에 대해서 알아보기

- 선행학습(先行學習)이란? 새로운 지식이나 기술을 습득할 때 정규 과정보다 시간적으로 앞서 배우는 일(고려대한국어대사전)
- 사교육 받는 학생 73%가 선행학습, 수학>영어>국어>사회과학 순 (국민권익위원회와 교육부 조사, 2013년 7월)
- 선행학습 금지법이란?

  2014년 3월 11일 제정, 9월 12일부터 시행되는 법률로 정확한 법명은 '공교육 정상화 촉진 및 선행교육 규제에 관한 특별법'이다. 초, 중, 고, 대학의 정규 교육 과정과 방과 후 과정에서 선행교육을 금지하고, 선행학습을 유발하는 평가를 하지 못하도록 하는 내용을 담고 있다. 또한, 학원, 교습소 등 사교육 기관의 선행교육 광고 등의 선전을 금지한다.

4. 선행학습 논란의 핵심

선행학습을 하고 안 하고는 학습할 권리가 있는 학생이 결정할 일이다	VS	지나친 선행학습은 아이들을 고통스럽게 만들고 효과도 없기 때문에 금지해야 한다

5. 디베이트 해보기

먼저 발언 팀(찬/반)	나중 발언 팀(찬/반)
입안(4분)	입안(4분)
교차 질의(3분)	
반박(4분)	반박(4분)
교차 질의(3분)	
요약(2분)	요약(2분)

전체 교차 질의(3분)	
마지막 초점(2분)	**마지막 초점(2분)**

2 논술하기

1. **주제** : 학생들의 70% 이상이 학원이나 과외 등 사교육을 통해 선행학습을 하고 있다고 합니다. 하지만 지나친 선행학습은 학생들을 힘들게 하고, 교육적 효과도 크지 않다는 게 전문가들의 분석입니다. 그렇다면 초등학생들의 선행학습은 금지되는 것이 바람직할까요?

2. 글 구성하기

1) 내 주장은?

2) 제목은?

3. 글의 뼈대 세우기

① 서론 -

② 본론 - 첫 번째 근거 :

두 번째 근거

세 번째 근거 :

③ 결론

4. 글쓰기 공책에 논술하기

리더로 자라는 논·디

수업 날짜 ________ 시간 ________

* 1분 스피치 - 지난 한 주 동안 가장 재밌었거나 기억에 남는 일은?(A-B-A' 형식)

1 디베이트

1. 이번 주 디베이트 주제 : 인간의 안락사는 허용되어야 한다

2. 생각 나눠보기

1) '안락사(安樂死, enthanasia)'의 사전적 의미 : 자연적 죽음 전 생명을 마감시키는 것, 독물 등을 이용해 적극적으로 생명을 끊는 것

2) 생각해볼 주제

: 인간은 자신의 '죽음'을 선택할 권리가 있는가?

예) 영화 '미 비포 유', 104살 호주 과학자 데이비드 구달의 안락사

: 안락사가 생명의 존엄성을 지키는 일인가?

3) 세계 각국의 안락사

: 2002년 네덜란드가 세계 최초로 안락사 합법화, 그 뒤를 이어 벨기에와 룩셈부르크, 스위스, 콜롬비아, 캐나다가 동참했다.

: 미국은 1994년 오리건을 시작으로 워싱턴, 몬태나, 버몬트, 캘리포니아까지 5개 주가 안락사를 허용하고 있다.

4) 우리나라의 존엄사

: 2017년 10월부터 보건복지부가 환자의 뜻에 따라 무의미한 연명의료를 중단할 수 있는 '연명의료 결정 시범사업'을 시행하고 있다. 존엄사는 최선의 의학적 치료를 다했음에도 불구하고 회복 불가능한 단계에 이르렀을 때, 호전 목적이 아닌 현상태 유지를 위해서 이뤄지는 무의미한 연명치료를 중단해 죽음을 자연현상의 일부로 받아들이는 것을 말한다. 기계 호흡, 심폐소생술 등을 중단하고 최소한의 품위를 지키면서 죽을 수 있도록 허용하는 것이다. 질병에 의한 자연적 죽음이라는 점에서 '안락사'와 다르다.

5) 안락사를 찬성하는 입장(예시)

① 환자의 고통을 덜어 주고 품위 있게 죽을 권리를 인정해야 한다.

② 소용없는 치료로 인한 가족의 정신적, 경제적 부담을 덜어줘야 한다.

③ 회생 가능한 다른 환자들이 치료받을 기회를 빼앗아선 안 된다.

6) 안락사를 반대하는 입장(예시)

① 생명 경시 풍조가 만연하게 된다.

② 의식 없는 환자를 보호할 수 없다.

③ 사회적, 경제적 약자들에게는 안락사가 '죽음을 선택할 권리'가 아니라 '죽어야만 하는 의무'가 될 수 있다.

3. 디베이트 해보기

먼저 발언 팀(찬/반)	나중 발언 팀(찬/반)
입안(4분)	**입안(4분)**
교차 질의(3분)	
반박(4분)	**반박(4분)**
교차 질의(3분)	
요약(2분)	**요약(2분)**

전체 교차 질의(3분)	
마지막 초점(2분)	마지막 초점(2분)

2 논술하기

1. **주제** : 살아날 가망이 없는 환자의 고통을 덜어 주기 위하여 인위적으로 죽음에 이르게 하는 안락사를 두고 찬, 반 논쟁이 격렬하다. 안락사를 일종의 살인 행위로 보는 사람들도 있고, 환자들이 스스로 죽음을 선택할 권리가 있다고 생각하는 사람들도 있다. 여러분은 인간의 안락사가 필요하다고 생각하는가?

2. 글 구성하기

1) 내 주장은?

2) 제목은?

3. 글의 뼈대 세우기

① 서론 -

② 본론 - 첫 번째 근거 :

두 번째 근거

세 번째 근거 :

③ 결론

4. 글쓰기 공책에 논술하기

리더로 자라는 논·디

수업 날짜 ________ 시간 ________

* 1분 스피치 - 지난 한 주 동안 가장 재밌었거나 기억에 남는 일은?(A-B-A' 형식)

1 디베이트

1. 이번 주 디베이트 주제 : 유전자 조작 식품은 개발되면 안 된다

2. 생각 나눠보기

1) 유전자 조작 식품이란? :

유전자 조작 또는 재조합 등의 기술을 통해 재배 · 생산된 농산물을 원료로 만든 식품을 말한다. 공식 용어는 'LGMO(Living Genetically Modified Organism)'로 '유전자변형농산물 · 유전자재조합농산물(GM Crops)'이라고도 한다.

유전자 조작 식품은 서로 다른 종(種)의 유전자를 결합하는 기술, 즉 인공적으로 돌연변이를 일으켜 만드는 것으로 같은 종을 교배해 품종을 개량하는 육종과는 다르다.

1986년 미국 칼진사가 숙성 기간을 연장하여 껍질이 물러지는 것을 방지한 토마토를 개발한 것이 시초다. 1995년 미국의 몬샌토사가 처음으로 콩을 상품화하는 데 성공했다. 당시 지구촌을 기아에서 해방할 제2의 녹색혁명으로 크게 환영받았다. 현재 전 세계적으로 유통되는 GMO는 50여 품목이다.

우리나라에서는 50여 종의 식용허용작물 중 콩 · 옥수수 · 캐놀라 · 사탕무 · 면화(이상 GMO 표시 대상) · 알팔파 · 감자 등 7개 농산물에 대해 안전성 심사를 거쳐 승인된 작물로 인정하지만, 알팔파 · 감자의 국내 유통은 금지되어 있다.

또한 2008년 5월 1일부터 GMO 옥수수가 수입됨에 따라 모든 GMO 농산물 및 GMO 농산물을 주원료로 제조 · 가공한 모든 식품에 대해 GM 함량이 전체 원료의 3%를 넘어서면 GM 식품 표시를 하도록 하고 있다. 한편, 일본과 유럽연합(EU)의 비 GMO 인정 GM 함량을 각각 5% 이하, 0.9% 이하로 정해 놓고 있으며, 미국은 별도로 표시하지 않고 있다.(시사상식사전, 박문각)

2) 생각해볼 주제 :

GMO가 생산량 증대 또는 유통상 편의를 위하여 유전공학기술을 이용, 기존의 육종 방법으로는 나타날 수 없는 형질이나 유전자를 지니도록 개발된 식품이기 때문에 제2의 녹색혁명으로 불리며 미래의 식량문제를 해결할 수 있는 대안으로 떠오르고 있다. 하지만 안전성은 아직 검증되지 않았다.(유전자 조작 식품, 매일경제, 매경닷컴)

3) 현재 우리나라 실태 :

우리가 매일 섭취하는 GMO 식품은 식용유·간장·된장·과당류·우유 제품·소고기·돼지고기·닭고기 등 이루 말할 수 없이 많다. 식용유·간장·된장은 그렇다 치고 고기류는 왜 그럴까? 가축용 사료가 90% 이상 GMO 옥수수로 만들어지기 때문이다. 우리나라 GMO 연간 수입량은 1000만 톤이 넘고 세계 2위 규모이다. 식용은 200만 톤으로 세계 1위이다. 국민 1인당 연간 소비량은 42㎏으로 가히 GMO 천국이다.

4) 유전자 조작 식품 개발을 찬성하는 입장(예시)

① GMO 지지자들은 식품 사슬 전반에 나타나는 결과보다는 작물 수확량을 늘릴 수 있는 잠재력에 초점을 맞춘다. GM 식품이 전 세계를 먹여 살릴 수 있고, 따라서 GM 기술 연구 개발에 대한 막대한 투자는 가치가 있다고 판단한다.

② 현재까지 GMO 식품이 인체에 미치는 영향이 발견되었다는 사례는 없다.

③ GMO 기술에 대한 소비자 인식은 개선된 것으로 나타났다. 지난해 11월 바이오안전성정보센터가 전국 성인 남녀 800명을 대상으로 GMO 인식조사 결과에 따르면 유전자 변형 기술이 난치병 치료, 식량문제 해결, 대체에너지 생산 등 '인류에 도움이 된다'는 의견이 전년 대비 22% 상승해 69%를 기록했다. 반면 '도움이 되

지 않는다'고 답한 사람은 전년보다 9% 감소해 6.5%에 그쳤다. GMO에 대한 인지도는 전년보다 소폭(1.7%) 증가한 86.7%로 나타났다.(동아사이언스, 2018.8.21.)

5) 유진자 조작 식품 개발을 반대하는 입장(예시)

① GMO는 '몬샌토'라는 다국적 기업이 1996년 제초제에도 죽지 않는 유전자 변형 콩을 개발하여 상업적 생산을 시작했다. 비행기로 독한 제초제를 뿌리지만 잡초는 죽고 콩은 살아남는다. 제초제의 주성분인 '글리포세이트'는 세계암기구에서 발암물질로 규정한 화학물질이다. '몬샌토'는 사람에게는 해가 없다고 주장한다.

② GM 작물의 종자에는 특허권이 설정되어서, 종자는 1년 단위로 농민에게 공급된다. 특허법과 함께 이행되는 규제 인프라는 GM 기술을 장악한 기업들에 특권을 주고 농법에 대한 거대한 영향력을 부여한다.

③ 국제 협약은 환경 문제에 있어서 과학적 불확실성이 존재하는 경우에는 예방이 사후 회복이나 제거보다 우선되어야 한다는 '사전 배려의 원칙'을 엄격하게 요구한다. 그러나 GMO 생산 기업은 이런 원칙을 무시할 뿐 아니라 'GMO'라는 표시도 하지 않은 채 버젓이 마트에 진열한다.

6) 그밖에 알아둬야 할 'GMO 완전 표시제'

① 친환경 식단을 원하는 가정과 학교

'GMO 복병'은 기름, 탈지 대두 등이다. 조미김의 경우 국산 김을 써도 조미할 때 들어가는 식용유가 대부분 수입콩으로 만들어져 GMO일 가능성이 매우 높다. 어묵 역시 어묵을 만들 때 들어가는 기름은 정체를 알 수 없다. 탈지 대두(탈지 가공 대두)는 콩에서 기름을 짜고 난 찌꺼기로 간장, 고추장, 된장 등에 들어가고, 어묵 만들 때도 쓰이는데 상당수 국내 업체들이 탈지 대두 자체를 수입해 오는 것으로 알려졌다. 식품 업계에서는 이것 역시 GMO 콩으로 만들어졌을 가능성이 높다고 본다. 유럽처럼 GMO면 GMO라 밝혀주기만 하면 숨바꼭질 없이 급식 재료로 쓸 수 있다. 우리나라의 GMO 표시는 뒤죽박죽이라 원료 수입해서 가공식품 만드는 회사들도 원산지나 GMO 여부를 물어보면 헷갈릴 때가 많다.

② 식품업계 입장

한국식품산업협회는 GMO 표시제가 제대로 시행되면 표기 의무에서 자유로운 수입 식품과 비교돼 국내 제품이 역차별받을 수 있고, 또 소비자들의 막연한 불안감으로 시장 손실이 불가피하다고 주장한다. 특히 미국은 정부 차원에서 공격적으로 GMO 수출을 지원해왔기 때문에 표시제 강화로 무역 마찰이 발생할 것이란 우려도 나온다. 실제 미국은 유럽의 GMO 완전 표시제를 문제 삼기도 했다.

③ 정부 입장

정부 역시 이 같은 식품업계의 반응에 동조하는 분위기다. 앞서 5월 청와대 국민청원 게시판에는 'GMO 완전 표시제를 시행해 주세요.'라는 청원이 올라와 21만 6,000명이 동의를 얻었다. 그러나 청와대는 이에 "이미 2000년 식품위생법 개정으로 GMO 표시제가 도입됐고, 현재 기술로 GMO 단백질 유전자가 검출되는 제품은 모두 표시한다."며 "시판되는 기름, 전분, 당은 정제 과정을 거친 이후 GMO 유전자가 남아 있지 않은 상태."라고 답했다. 또 "기름이나 전분을 만드는 대두, 옥수수는 대부분 수입하는데, NON-GMO 원료를 사용하면 물가상승 가능성이 있어 정부 입장에서는 신중하게 판단할 수 있도록 정확한 조사가 필요하다."며 미온적인 입장을 보였다. GMO 완전표시제의 우려를 강조하며 에둘러 부정적 입장을 드러낸 셈이다. (한국일보, 2018.7.28.)

3. 디베이트 해보기

먼저 발언 팀(찬/반)	나중 발언 팀(찬/반)
입안(4분)	입안(4분)
교차 질의(3분)	
반박(4분)	반박(4분)
교차 질의(3분)	
요약(2분)	요약(2분)

전체 교차 질의(3분)	
마지막 초점(2분)	**마지막 초점(2분)**

2 논술하기

1. **주제** : 최근 GMO(유전자 조작 식품)에 대한 찬, 반 논란이 뜨겁다. GMO 식품은 서로 다른 종(種)의 유전자를 결합하는 기술, 즉 인공적으로 돌연변이를 일으켜 만드는 식품을 말한다. 그렇기 때문에 많은 환경단체와 시민단체에서는 이것이 생태계를 교란하고, 사람들의 건강에도 해를 끼치리라 판단한다. 반면, GMO 식품을 통해 전 세계 기아 문제를 해결하고 변화하는 환경에 더 잘 대처할 수 있는 식품을 생산할 수 있다고 주장하는 사람도 있다. 그렇다면 여러분은 GMO 식품을 개발하는 게 바람직하다고 생각하는가?

2. 글 구성하기

1) 내 주장은?

2) 제목은?

3. 글의 뼈대 세우기

① 서론 -

② 본론 - 첫 번째 근거 :

두 번째 근거

세 번째 근거 :

③ 결론

4. 글쓰기 공책에 논술하기

부록

논디쌤이 추천하는 독서 목록

책심이 푸르러지는 3~4학년

—

가짜 독서왕(김현태, 아이앤북)

공자할아버지의 고민상담소(강정화, 다락원)

그림 도둑 준모(오승희, 낮은산)

길모퉁이 행운돼지(김종렬, 다림)

김치네 식구들(백명식, 달과소)

나쁜 어린이표(황선미, 이마주)

마법의 설탕 두 조각(미하엘 엔데, 소년한길)

빨강연필(신수현, 비룡소)

베니스의 상인(셰익스피어, 지경사)

세금 내는 아이들(옥효진, 한경키즈)

세빈아, 오늘은 어떤 법을 만났니?(신주영, 토토북)

세상을 바꾼 생각 천재들(박성철, 국민출판)

어린이를 위한 따뜻한 과학, 적정기술(이아연, 팜파스)

엄마 아빠를 바꾸다(고정욱, 아이앤북)

욕시험(박선미, 보리)

우리 독도에서 온 편지(윤문영, 계수나무)

유엔인권조사관이 네팔소년에게 들려준 유엔이야기(정명숙, 한솔수북)

이세돌, 비금도 섬 소년 바둑 천재기사(조영경, 스코프)

장터에서 쉽게 배우는 경영이야기(성라미, 영교)

프린들 주세요(앤드루 클레먼츠, 사계절)

해바라기를 사랑한 고흐(김미진, 파랑새)

책심이 꽃을 피우는 5~6학년

—

괭이부리말 아이들(김중미, 창비)

꼴찌, 세계 최고의 신경외과 의사가 되다(그레그 루이스, 알라딘북스)

너도 하늘말나리야(이금이, 푸른책들)

독도를 지키는 사람들(김병렬 역사이야기, 사계절)

마사코의 질문(손연자, 푸른책들)

몽실언니(권정생, 창비)

물구나무 과학(전용훈, 문학과지성사)

바다의 생물, 플라스틱(아나 페구 외, 살림어린이)

별똥별 아줌마가 들려주는 지구 이야기(이지유, 창비)

사금파리 한 조각(린다 수 박, 서울문화사)

선생님이 들려주는 분쟁이야기 1, 2, 3(차은숙, 생각하는책상)

10대를 위한 총균쇠수업(김정진, 넥스트씨)

아버지의 편지(다산 정약용, 함께읽는책)

압록강은 흐른다(이미륵, 다림)

용선생의 시끌벅적한 한국사 1~10(금현진, 손정혜, 사회평론)

우리들의 일그러진 영웅(이문열, 다림)

이중섭과 세발자전거 타는 아이(엄광용, 산하)

자유나라 평등나라(오가와 히토시, 바다출판사)

지구촌 곳곳에 너의 손길이 필요해(예영, 뜨인돌어린이)

초정리편지(배유안, 창비)

페인트(이희영, 창비)

하늘을 나는 집오리(이상권, 웅진주니어)

책심이 열매 맺기 시작하는 중학교 1~2학년

4천 원 인생(안수찬 외, 한겨레출판)

과학자의 서재(최재천, 움직이는서재)

경성에서 보낸 하루(김향금, 라)

그 많던 싱아는 누가 다 먹었을까(박완서, 세계사)

나의 별에도 봄이 오면(고운기, 산하)

내 영혼이 따뜻했던 날들(포리스트 카터, 아름드리미디어)

누가 내 머릿속에 브랜드를 넣었지?(박지혜, 뜨인돌)

데미안(헤르만 헤세, 문학동네)

돼지가 한 마리도 죽지 않던 날(로버트 뉴턴 펙, 사계절)

모리와 함께 한 화요일(미치 앨봄, 살림)

민들레 국수집의 홀씨 하나(서영남, 휴)

바람의 딸 걸어서 지구 세 바퀴 반(한비야, 푸른숲)

변두리(유은실, 문학동네)

빼앗긴 내일(즐라타 필리포빅, 멜라니 챌린저 엮음, 한겨레아이들)

사람은 무엇으로 사는가(톨스토이, 문예출판사)

성적은 짧고 직업은 길다(탁석산, 창비)

세상에서 가장 완벽한 교실(유진 옐친, 푸른숲주니어)

아몬드(손원평, 창비)

에네껜 아이들(문영숙, 푸른책들)

자전거도둑(박완서, 다림)

파리대왕(윌리엄 골딩, 민음사)

환경과 생태 쫌 아는 10대(최원형, 풀빛)

책심이 풍성한 열매를 맺는 중학교 2~3학년

—

괜찮아, 열일곱 살(이나미, 이랑)

나를 바꾸는 심리학의 지혜 프레임(최인철, 21세기북스)

대지(펄 벅, 문예출판사)

더불어 숲(신용복, 돌베개)

독 짓는 늙은이(황순원, 문학과 지성사)

멋진 신세계(올더스 헉슬리, 푸른숲주니어)

방구석 미술관(조원재, 블랙피시)

백범일지(김구, 도진순 주해, 돌베개)

백신, 10대는 무엇을 알아야할까?(태라 하엘, 오우아이)

세계사 편력 청소년 판(네루, 일빛)

세상을 바꾼 질문(권재원, 다른)

수냐의 수학 영화관(김용관, 궁리)

아웃라이어(말콤 글래드웰, 김영사)

앵무새 죽이기(하퍼 리, 열린책들)

왜 세계의 절반은 굶주리는가?(장 지글러, 갈라파고스)

이빨자국(조재도, 작은숲)

전태일 평전(조영래, 전태일재단)

정재승의 과학 콘서트(정재승, 어크로스)

좁은 문(앙드레 지드, 민음사)

청소년을 위한 정의론(강영계, 해냄)

한 폭의 한국사(손영옥, 창비)

호밀밭의 파수꾼(J. D. 샐린저, 문예출판사)

독서 논술
디베이트

초판 1쇄 발행 2018년 10월 25일
개정 1판 발행 2020년 5월 20일
개정 2판 발행 2024년 8월 25일

지은이 | 장선애

펴낸이 | 박현주
디자인 | 정보라
인쇄 | 도담프린팅

펴낸 곳 | ㈜아이씨티컴퍼니
출판 등록 | 제2021-000065호
주소 | 경기도 성남시 수정구 고등로3 현대지식산업센터 830호
전화 | 070-7623-7022
팩스 | 02-6280-7024
이메일 | book@soulhouse.co.kr

ISBN | 979-11-88915-76-7 03370

이 책은 한국출판문화산업진흥원의 출판콘텐츠 창작 자금 지원 사업의 일환으로
국민체육진흥기금을 지원받아 제작되었습니다.